Michael Plathow

Christus predigen

Michael Plathow

Christus predigen

Predigten an vielen Orten

Fromm Verlag

Imprint
Any brand names and product names mentioned in this book are subject to trademark, brand or patent protection and are trademarks or registered trademarks of their respective holders. The use of brand names, product names, common names, trade names, product descriptions etc. even without a particular marking in this work is in no way to be construed to mean that such names may be regarded as unrestricted in respect of trademark and brand protection legislation and could thus be used by anyone.

Cover image: www.ingimage.com

Publisher:
Fromm Verlag
is a trademark of
Dodo Books Indian Ocean Ltd. and OmniScriptum S.R.L publishing group

120 High Road, East Finchley, London, N2 9ED, United Kingdom
Str. Armeneasca 28/1, office 1, Chisinau MD-2012, Republic of Moldova, Europe
Managing Directors: Ieva Konstantinova, Victoria Ursu
info@omniscriptum.com

Printed at: see last page
ISBN: 978-620-8-86545-0

Inhaltsverzeichnis

Vorwort...5

„Du bist ein Gott, der mich sieht" (Gen 16, 13) Jahreslosung 2023......................8

Lk 22, 39 – 46: „Gewissheit und Anfechtung"..11

Mi 6, 1 – 8: „Was gut ist"..14

2 Kor 6, 1 – 12. „Gerufen und berufen"..17

Klagl 3, 22 – 26, 31 – 32: „Darum hoffe ich noch…"...20

Joh 12, 12 – 24: Das Weizenkorn, das stirbt, bringt weit reichende Früchte........23

Röm 14, 7 – 13: Menschliches Richten und Gottes Gericht.................................27

Ps 77, 14 – 21 : „Natur in Angst"...31

2 Kor 4, 3 – 6: „Epiphanias – Gottes Verheißung und Verweis".............................35

Dan 7, 1 – 14: Das richtige Unterscheiden..41

5 Mose 8, 7 – 18 mit Matthias Claudius Erntedank wider die Gottvergessenheit.46

Mk 12, 1 – 12: „irritierend"...51

Mt 27, 33 – 54 :„...reiß mich aus den Ängsten kraft deiner Angst und Pein".......57

Röm 3, 21 - 28 (31): „Amazing grace" und „materialisierte Gnade".................62

16, 5 – 11: „Freude in der Gemeinschaft mit Gott"...............................69

Apg 3, 1 – 10: „aufstehen und auferstehen".....................................75

„Dem König aller Könige … , dem sei Ehre".......................................80

Neh 8, 9 – 18: Dies ist der Tag, heilig dem Herrn...............................84

Mt 20, 1 – 16: „Mehr als zusteht"...88

Kor 13, 11 - 13 : „Dem dreieinen Gott sei Ehre und Ruhm!".....................93

Joh 3, 14 – 21: Gottes rettende Liebe bringt in meinem Tun der Wahrheit das Licht..98

1

Das Buch Tobit: „Das Hündchen des Tobias"..................................104

Eph 1, 6a: „zum Lob seiner herrlichen Gnade" Johannes Calvin – Reformator des christlichen Lebens....................................110

„Dennoch-Vetrauen"..116

Spr 16, 9: „Des Menschen Herz erdenkt sich einen Weg; aber Gott lenkt die Schritte"..121

Schwere des Glücks..126

Hoffnung atmen..131

Adelheid

in Dankbarkeit

Vorwort

Seit vielen Jahren tue ich gern den Predigtdienst. Das Evangelium versuche und möchte ich weitersagen; denn „der Glaube kommt aus der Predigt" durch den heiligen Geist (Mk 6, 12; Röm 10, 17) .

Schriftbezogene Verkündigung will die Predigt sein. Und ich der Prediger bin der erste Hörer des biblischen Textes und Zeugnisses. In exegetischen und homiletischen Schritten werden erarbeitet – oft erkämpft – das Proprium und Idium des Textes im Zusammenhang der „Mitte" der Schrift und des „cardo", des Dreh- und Angelpunktes, des christliches Glaubens: Jesus Christus, den Gott für uns gemacht hat „ zur Weisheit und zur Gerechtigkeit und zur Heiligung und zur Erlösung" (1 Kor 1, 30), u. zw. im „Wort" von Kreuz und Auferstehung Jesu Christi „uns zum Heil" (1 Kor 1, 17ff; 2 Kor 5, 18ff). Davon wird in der Predigt „Rechenschaft" gegeben als „Hoffnung, die uns Christen geschenkt ist", Hoffnung in den „vorletzten" und in den „letzten" Dingen (1 Petr 3, 15), im Leben und im Sterben, im Gemeindlichen und Gesellschaftlichen, jetzt und in Zeit und Ewigkeit.

Predigen und Lehren[1] – wie im docere der Augsburger Konfession (1530) - sind dabei miteinander verbunden als Zeugnis geben, martyria, von der froh machenden Botschaft des Evangeliums. Letztlich ist sie unverfügbar. Darum erweist sich die Predigt – bei all den methodischen und sprachlichen Anstrengungen – als fragmentarische Bemühung, dass durch menschliche Wörter das Wort Gottes zu hörenden Herzen spricht, sie berührt und verändert, dass Menschen in ihren jeweiligen existentiellen Situationen und gesellschaftlichen Herausforderungen erreicht werden. Darum bittet der Prediger und die Gemeinde um die Hilfe des heiligen Geistes, dass mit dem Zeugnis des Evangeliums „Leben spendendes Wirken" gegenwartswirksam

---

[1] M. Plathow, Lehren und Lehre im Leben der Gemeinde, in: E. Hahn/Chr. Hermann (Hgg.), Festhalten am Bekenntnis des glaubens, Erlangen 2001, 81 - 97

5

verbunden sei[22]: Gottes befreiende Liebe möge performativ erfahren werden als seelsorglicher Trost, der ins Leben führt, und als Weisung, auch prophetische, in den gegenwärtigen Herausforderungen für Versöhnung, für mehr Friede, mehr Gerechtigkeit hin zur Erlösung im Zu-Kommen Gottes.

Bei den methodischen Arbeiten auf dem Weg zur Predigt sind mir Predigtstudien, Predigtentwürfe und Predigten erfahrener KollegInnen und die Bücher zur Homiletik von Fachleuten[33] immer hilfreich.

Mit meiner Ordination 1974 tue ich seit vielen Jahren den Predigtdienst[4]: vor der Hausgemeinde in der Kapelle des Heidelberger Ökumenischen Studienhauses im Wechsel mit dem Ephorus etwa zu biblischen Büchern (Psalmen, Bergpredigt) oder

zum Vaterunser und Apostolischem Glaubensbekenntnis[5]. Seit 1976 war ich Mitglied des Predigerkonvents der Heidelberger Universitätsgemeinde und predigte in Sonntagsgottesdiensten[6] und Mittwochfrühgottesdiensten. Als Gemeindepfarrer verkündigte ich im Kirchenjahreszyklus die vorgeschlagenen Bibeltexte. Teilweise wurden diese Predigten auch vervielfältigt und gebunden in der Adventszeit zugunsten von „Brot für die Welt" angeboten[7]. Seit längerer Zeit wirke ich bei den „Göttinger Internetpredigten" mit und seit kürzerer Zeit auch bei „Pastoralblätter". Gedruckte Predigtbände werden schließlich angeboten in „Selbstzurücknahme.

Gottes Nähe im Kreuz", Berlin 1994, „Glauben denken und bezeugen",

---

[2] E. Schlink, Ökumenische Dogmatik, Göttingen 1983, 425
[3] R. Bohren, Predigtlehre, München (1971) 1993 (6); Chr. Möller, seelsorglich predigen, Göttingen 1983; M. Nicol, Gott wagen. Predigten und Reden, Göttingen 2019; H. Schwier, Wer ist Jesus Christus für uns heute, in: J. Schröter (Hg.), Jesus Christus. Themen der Theologie Bd 9, utb 4213, Tübingen 2024, 243 - 266
[4] M.Plathow, Ministerium eccesiasticum. Berufskunst als Anspruch an den Pfarrer und als Anspruch des Pfarrers, in: ders., Freiheit und Verantwortung, Erlangen 1996, 213 - 229
[5] Als Hektographien katalogisiert in der Bibliothek des Wissenschaftliche Theologischen Seminars in Heidelberg
[6] Als „Heidelberger Universitätspredigten" jahrrgangsweise gesammelt in der Bibliothek des Wissenschaftlich Theologischen Seminars in Heidelberg, ebenso: M. Plathow, Glauben. Erkennen. Anerkennen. Bekennen, Predigten aus drei Jahrzehnten in der Heidelberger Universitätsgemeinde, hektrographiert, Heidelberg 2008
[7] Ebd., Anm. 6

Saarbrücken 2013; „Gewissheit erschließen", Saarbrücken 2018; „ ... das Evangelium predigen ...", Saarbrücken 2021.

Der vorliegende Band „Christus predigen" setzt diese Reihe fort; er veröffentlicht „Predigten an vielen Orten" in der allerletzten Zeit.

Mögen die Predigten - mit all ihren Mängel, wie sie sind, - wie bei Augustin und Luther, dem Leser Christus nah bringen, das Herz berühren, zur Umkehr rufen, schließlich Freude im christlichen Glauben eröffnen. „Veni, creator spiritus".

Michael Plathow

„Du bist ein Gott, der mich sieht" (Gen 16, 13)

Jahreslosung 2023

1. Auf der Flucht ist sie; erschöpft hat sie sich niedergelassen, seelisch zerrissen. Ein gutes Wort im Jahr 2023 ist es. Es spricht von Gott, zugleich aber vom Menschen. Es fällt aus dem gesellschaftlichen Rahmen, der Gott verschweigt und verdrängt. Überzeugt spricht es von einer Gewissheit. Keine bloße Meinung, die alles in der Schwebe hält, will es sein in einer gottvergessenden Zeit „als ob es Gott nicht gäbe". „Was fehlt, wenn Gott fehlt" mag da noch ein Ahnen, ein Suchen nach mehr andeuten.

Gegen den Augenschein bezeugt diese Jahreslosung "Du bist ein Gott, der mich sieht". Ein persönliches Bekenntnis ist es: Du, Gott, siehst mich, darum werde ich gesehen und bin angesehen. Ich spüre den Blick. Du kennst mich, darum werde ich gekannt und bin anerkannt - und so bin ich wertgeschätzt.

2. „Du bist ein Gott, der mich sieht", so nennt Hagar Gott. Von der kinderlosen Sarah war die Magd dem Abraham zur Zeugung eines Nachkommen überlassen. Doch dann als diese schwanger war, ließ auch Abraham es an Wertschätzung fehlen. Sarah erniedrigte sie, demütigte sie als Mensch so, dass sie floh, weit weg in die Wüste. Hier nun an einer Quelle sieht Gott ihr Elend. Der Gottesbote verkündigt: der Sohn in ihrem Leib wird zahlreiche Nachkommen haben. Nicht nur ein Lichtstrahl im Tunnel, der Glanz eines neuen Tages geht auf. Hagar glaubt der Verheißung.

Beispiel eines Glaubens im Ansehen Gottes wird sie wie dann Maria, die im Magnificat Gott preist:

„Er hat die Niedrigkeit seiner Magd angesehen" (Lk 1, 48). Gottes Augen sind „nach unten" gerichtet in die Niedrigkeit dieser Frauen, sein Ansehen auf die, die nicht angesehen werden, vielmehr übersehen, die keine Anerkennung finden und sich nicht anerkannt erleben, um, ja, um gerade diesen gegen den

Augenschein Ansehen und Anerkennung zu schenken. Gottes Anblick ist schöpferisch.

Von Gott angesehen werden, bedeutet etwas Ungewöhnliches, Unwahrscheinliches; Neues im Leben geschieht: Gott ist „mein Licht und mein Heil" (Ps 27, 1). Den Glanz seines Angesichts können wir Menschen nicht sehen (Ex 33, 20), denn „Gott wohnt in einem Licht, da niemand hinkommen kann" (1 Tim 6, 16); „wir sehen jetzt durch einen Spiegel in einem dunklen Bild; dann aber von Angesicht zu Angesicht. Jetzt erkenne ich stückweise; dann aber werde ich erkennen, wie ich erkannt bin" (1 Kor 13, 12).

Gott sieht uns Menschen, jeden einzelnen und alle. Sein Sehen schließt seine Liebe ein: er sieht uns an, sorgt, tröstet, hilft. Zugleich schaut Gott mit abweisenden Blick, voll Zorn, auf das, was seinem Willen für Friede und Gerechtigkeit widerspricht. Zur Umkehr ruft er. Letztlich aber sieht er uns an mit einem Blick, der Liebe schenkt und liebenswert macht.

Hagar nennt Gott „Du bist ein Gott, der mich sieht", auch wenn sie selbst nur hinter dem hergesehen hat, der sie angesehen hat.

Auch als immer schon Angesehene von Gott, sehen wir nur seine „Rückenansicht" (Ex 33, 23). Für uns Christen in der Sehschule Gottes erweist sich Gottes in Liebe auf die Menschen gerichteter Blick sichtbar in Jesus Christus „Wer mich sieht, der sieht den, der mich gesandt hat" (Joh 12, 45), "Ich ich bin das Licht der Welt" (Joh 8, 12), erkennbar in der Predigt des Wortes Gottes, erfahrbar in der Feier von Taufe und Abendmahl wie in der Liebe derer, die das Licht des Lebens haben, zu denen, die übersehen werden, wenig oder keine Anerkennung und Wertschätzung erleben.

3. „Du bist ein Gott, der mich seht", „öffne meine Augen, dass ich sehe die Wunder" durch dein wirkendes Wort (Ps 119, 18), öffne mir die Augen für die, die im Schatten und Dunkel der Welt sind und sich sehnen nach Licht, Liebe, Leben. Und, der „du mich siehst", sieh auf uns, wo wir Dich vergessen und Du

uns fehlst. Wir bitten: Sieh auf uns. Gewiss, du siehst uns auch ohne unsere Bitte. Aber wir bitten, dass du uns neu siehst. Denn „du bist ein Gott, der mich sieht".

Lk 22, 39 – 46: „Gewissheit und Anfechtung"

Kurzpredigt

1. Woher bekomme ich Kraft, wenn ich schwach, verletzt, am Ende bin? Wenn ich Trost und Hilfe suche? Wenn die Last, die auf mir liegt, zu schwer wird, selbst Freunde keine Hilfe bedeuten? Wie zeigen sich da Gewissheit und Zweifel, Glaube und Anfechtung in unserem Leben? Schließen sie sich aus?

2. Der Evangelist Lukas, dem es um die Menschenfreundlichkeit Gottes und die Hinwendung Jesu zu den Armen und Hilfesuchenden geht, berichtet davon auf Jesu Weg nach Jerusalem. Anders als die andern Evangelisten erzählt er davon:

Jesus geht nach Passahmahl und Gespräch mit den Jüngern hin zum Ölberg. Vor kurzem jubelten ihm noch die Menschen zu „Gelobt sei, der da kommt!" (Lk 19, 37). Jetzt sucht er Stille im Garten Gethsemane für das Gespräch mit Gott, dem Vater. Die Jünger folgen ihm. Sie wollen ihm nahe sein, nachdem er in einer Abschiedsrede seinen Weg ans Kreuz und ihren Weg mit Feindschaft von außen und Verleumdung von innen angesagt hat.

Im Hören dieser Erzählung summe ich unwillkürlich mit Mk 14, 38 den Taizé-Kanon „Bleibet hier und wachet mit mir, wachet und betet" oder mit Mt 26, 36 ff das Lied EG 95, 1.

Nach dem Evangelisten Lukas sagt Jesus nur: „Betet, dass ihr nicht in Anfechtung fallt".

Dann reißt er sich aus der Gemeinschaft mit den Jüngern los. Er geht allein. Allein spricht er zu und mit Gott: „Vater, willst du, so nimm diesen Kelch von mir". Er ringt mit dem, was vor ihm liegt. Er bittet, dass dieses verwerfliche Gericht über einen Unschuldigen für die Schuldigen an ihm vorübergehe. „Aber nicht mein, sondern dein Wille geschehe". So legt Jesus alles aus seiner Hand und legt alles in Gottes Hand. Ganz vertraut er sich Gott, dem Vater, an auch jetzt, da Todesängste ihn schrecken und quälen; Schweiß fällt wie Blutstropfen zur Erde, heißt es.

Da ist nichts von sokratischer Heiterkeit, nichts von stoischer Gelassenheit.

Aber auch jetzt verlässt Gott, der Vater, den Sohn nicht. Jesus ist nicht allein.

Auch in dieser Stunde von Gethsemane ist Gott da. Gottes Bote „vom Himmel" – „Himmel", Bild für Wirklichkeit und Möglichkeit Gottes - schenkt Trost und Kraft.

Angefochtene durch physisches, psychisches oder soziales Leid, Zweifelnde im Glauben, sind nicht fern von Gott oder ohne Gott. Indem sie beten, wie Jesus, ist ihnen Gott nah. Wer betet, hält sich an Gott und wird von Gott gehalten. Glaube und Anfechtung, Zweifel und Gewissheit widersprechen sich nicht, wenn gebetet wird: „Ich glaube, Gott, hilf meinem Unglauben" (Mk 9, 14). Anfechtung erweist sich als Schattenseite des Glaubens. Und das Gebet des Angefochtenen vermag viel. Auch im „finsteren Tal" ist Gott bei uns. Er überlässt uns nicht uns selbst.

3. Als Jesus zurückkommt, findet er die Jünger schlafend. Bedrückt von seinen Worten, wie von der Abschiedsrede, hat Traurigkeit sie entkräftet einschlafen lassen. Ohne Vorwurf spricht Jesus einfach und direkt: „Steht auf und betet, dass ihr nicht in Anfechtung fallt".

Jesus ruft zum Gebet, zum anhaltenden Beten. Allein das Gebet zu Gott, dem Vater, das wiederholte Beten ist es, das hindurchträgt durch die Anfechtung.

Wie ein Ohrwurm summt es wieder in mir, das Lied von Ernst Aufkens. Dazu lässt es beten: „Und führe uns nicht in Versuchung", mit dem zuversichtlichen Lob aus der Tiefe: „Geheiligt werde dein Name" (EG 188).

Wir beten da wie Jesus in Gethsemane und wir beten in Gemeinschaft mit Jesus, unserem Bruder, zu Gott, unserem Vater. Wie er, „uns Menschen gleich" (Phil 2, 20), doch ohne Sünde, beten wir in der Gewissheit, dass Gott uns hört und nach seinem Willen erhört: „Dein Wille geschehe".

Zugleich ist er, Christus, da „für uns" Angefochtene. Im „fröhlichen Wechsel und Tausch", wie M. Luther im Bild veranschaulicht, schenkt er, der Herr, Gewissheit, Trost und Kraft vom „Himmel" als Antwort auf unser Gebet.

„Jesus Christus, mein Bruder und Herr", so sprechen, selbst in Anfechtung und Zweifel, Christen immer neu und so auch wir.

Mi 6, 1 – 8: „Was gut ist"

(20. So. n. Trin.) 13. 10. 2024 in Leimen

Ein Rechtsstreit wird erzählt vom Propheten Micha; die Mitwelt nimmt daran Anteil. Der Schuldner will gutmachen durch Wiedergutmachung: „Wie stimme ich die andere Seite gut?".

Heute fragt mancher: „Wie kriege ich ein gutes Gewissen?, gütige Mitwelt?, gnädige Nachkommen?" Umtreibt manche die Verschuldung gegenüber der kommenden Generation, Zerstörung von Natur und Artenvielfalt gerade auch in Armutsländern. Als Ausgleich müssen Ersatzleistungen heran: die Kerosinsteuer für den Flug in den Urlaub, die Spende für Opfer der Überschwemmung im „Dritte Welt"-Land, die zu vererbende Immobilie als Wiedergutmachung für Überschuldung.

Im Rechtsstreit beim Propheten Micha eskalieren die Ausgleichsangebote des Schuldners. Eine gewisse Ironie schwingt bei der sich übersteigernden Aufzählung mit.

Aber hier geht es um die Beziehung von Gott und Mensch. Nicht mit Geld ist sie zu berechnen und abzugleichen. Gott allein ist es, der Kredit gibt. Es geht hier um den Riss im Verhältnis zwischen Gott und seinem Volk, um das zerrüttete Verhältnis der Menschen mit Gott. Da gibt es keine geschäftsmäßige Aufrechnung über schuldhaft entstandenen Sachschaden. Klein gemacht würde Gott.

Gott ist anders, weiter, größer. „Nicht ist so groß, Gott ist noch größer; nichts ist so klein, Gott ist nach kleiner". „Alles Gute", wie der Prophet verkündigt (6, 5), hat Gott an seinem Volk, an den Menschen, an seiner Schöpfung getan. „Alles Gute" erinnernd und verheißend lässt er uns teilhaben an der Geschichte Gottes von der Befreiung Israels aus Ägypten, an den Wüsten- und Holzwegen, an Hilfe und Bewahrung – und ebenso an den Zukunft eröffnenden Erlebnissen und Hoffnung schenkenden Erfahrungen auf unserem Lebensweg. Erzählen können und sollen wir von Gottes Zuwendung, die uns sein Zu-uns-Kommen gewiss macht.

„Alles Gute", was Gott an und für uns getan hat, erweist sich als Grund und Quelle unseres Lebens und des Lebens der Mitwelt. Denn Gott erweist sich als Liebhaber des Lebens; „Gott sah, dass es gut war" (Gen 1, 25). Und was ist da, was wir nicht empfangen haben ? - Dass wir da sind. Dass etwas ist und nicht nichts. Und all das Gute - beschädigt oder verletzt - guten Lebens, was uns im Alltag widerfährt. Gabe ist es, Segen Gottes durch andere Menschen und durch die ganze Schöpfung.

Darum gilt das Wort des Propheten damals wie heute: „Es ist dir gesagt, Mensch, was gut ist" (6, 8).

„Was gut ist?" - Seit den ersten Tagen der Menschheit ist es eine Grundfrage der Menschen. Konkret und abwägend in der Urteilsfindung wird sie erörtert.

„Was gut ist" - Als Gebot ist es für den Propheten eine Zusage, die gilt. Gott und gut, gut und Gott gehören zusammen. Seit Schöpfung der Welt ist der Wille Gottes für uns Menschen ausgerichtet auf das, was gut ist: was den Menschen, der Mitwelt gut tut. Sein Wille fördert Leben und eröffnet Zukunft; sein Recht erhaltender Wille lässt nicht aufhören Saat und Ernte, Frost und Hitze, Sommer und Winter, Tag und Nacht (Gen 8, 22).

In den 10 Freiheitsworten ist das, „was gut ist", angesagt und verheißen, „auf dass dir´s gut geht" (Deut 6, 12). Da ist das, „was gut ist", das, was Gott für uns will und bei uns sucht. Da sind wir die, deren Leben seiner Zusage entsprechen sollen und werden, Menschen, die leben, was ihnen von Gott schon gegeben und geschenkt ist, gutes Leben.

Eindrücklich gibt der Prophet drei Kurzformeln für das, „was gut ist":

„nichts als Gottes Wort halten und Liebe üben und demütig sein vor deinem Gott" (6, 8).

Erstens: Gehör geben und gehorchen dem schöpferischen und Recht schaffenden Wort Gottes, „dem wir im Leben und im Sterben" vertrauen und gehorchen sollen (Barmen I). Es ruft zur Umkehr; es schenkt Vergebung, d. h. Zukunft, Leben und Seligkeit.

Weiter: „Liebe üben", als von Gott Geliebte Liebe weitergeben, nicht für mich, sondern Liebe leben um des Andern willen, in dem Christus uns konkret begegnet.

Schließlich: allein die Ehre geben dem mich unmittelbar angehenden Gott, der mir und der Mitwelt gut ist und Gutes tut, der Zukunft schenkt, neues Leben. Sein „der Liebe Recht" sucht bei mir das, was er schon für mich und für die Welt getan hat, das Gute. Es lässt mich persönlich erkennen, wie ich in Jesus Christus erkannt bin, lässt mich erfahren, wie mir Gottes Erbarmen in Jesus Christus schon widerfahren ist, lässt mich Liebe leben, weil Gottes Liebe in Jesus Christus mir und der Mitwelt schon „gut ist".

2 Kor 6, 1 – 12. „Gerufen und berufen"

Kurzpredigt zu Invokavit 2023

Im Rauschen der Dauerberieselung von Wörtern klingt da ein Wort als Ohrwurm nach. Es spricht mich persönlich an. Es bewegt die eigenen Gedanken. Es bringt in den Schwall der Werbungen und Talkshows, der Nachrichten und Namen einen anderen Ton: ein Wort, ein Satz – der springende Punkt, der neue Perspektiven eröffnet. Das Wort, der Satz, der Name wird mir zum Ruf, zum Anruf; es findet Anschluss unter meiner Nummer.

1. Die christliche Gemeinde und Kirche lebt davon, vom Wort Gottes gerufen und angerufen zu awerden. Gerufen und berufen lebt sie vor und mit Gott in der Welt. „Invokavit", so der Name des heutigen Sonntags zu Beginn der Passionszeit: „Er ruft mich an; ich will ihn erhören" (Ps 91, 15). Aus dem anredenden Wort des Evangeliums lebt die Gemeinde und Kirche im antwortenden Gebet. Und weiter klingt das Wort im Rufen und Berufen des Miteinanders der Christen: des Anderen Wort, das mir Trost gibt; die Bitte, die mir Anruf wird; der Rat, der bei mir Resonanz findet; der Ruf, der Berufung wird. Als Gemeinschaft durch das Wort Gottes und als Gemeinschaft, im wechselseitigen Gespräch verbunden, lebt die christliche Gemeinde.
Und da gibt es Verschiedenheit der Menschen, die uns bereichert, aber auch Unstimmigkeit, die trennt. Manche Auseinandersetzung führt zum Konflikt, treibt in Schuld, weckt den Wunsch nach Versöhnung.

2. Das erlebt der Apostel Paulus, im Innersten betroffen, in der Gemeinde in Korinth auf seiner Missionsreise durch das römische Reich; geplant ist sie bis an das Ende der damals bekannten Welt. Das Gespräch mit Paulus war nahezu abgebrochen. Viele waren ihm feind. Kritisch gegen den Apostel, war man unkritisch gegen sich selbst.

Paulus litt schwer daran, ging es doch um seinen Auftrag. Von Christus zum Jünger gerufen und zum Mitarbeiter des Rufes Gottes berufen, erlebte er, wie verwundbar und wehrlos er war, wie schwach und bedürftig. Der Apostel erlebte das spannungsvolle Leben als glaubender Christ, die Anfechtung des aus Gnade gerechtfertigten Sünders:

„Mit Kummer vertraut sein, doch ohne Bitterkeit leben; an sich zweifeln, doch nicht verzweifeln;

die Verborgenheit Gottes schmerzlich empfinden und dennoch hoffnungsvoll glauben. Um die eigene Schuld wissen und doch in der Gnade stehen.

Manches entbehren und doch alles haben. Ich nenne es Christsein"

(Maria Hüsing).

3. Paulus widerfährt und erfährt am eigenen Leib die Botschaft, die er anderen verkündigt, das Wort vom Kreuz und von der Versöhnung (1 Kor 1, 18; 2 Kor 5, 19f). Geschenkt wird ihm die Kraft Gottes in der Schwachheit (2 Kor 12, 9), wodurch der „Lichtglanz Gottes sichtbar wird"(2 Kor 4, 6). Denn das Wort vom Kreuz wirkt, was es verheißt, und verheißt, was es wirkt: Versöhnung, Vergebung von Sünde und Schuld, Heil und neues Leben, Ende der Feindseligkeit. Und das Wort wirkt weiter: in Korinth und über Korinth hinaus, weiter durch die Zeiten der Gemeinden und Kirche.

Paulus wurde gerufen und berufen in den Ruf Gottes. Und der Ruf Gottes ergeht auch heute, heute in einer Zeit der Veränderungen in Gemeinden und Kirche. In den Ruf hineingenommen sind die konkreten Nächsten am Ort; aber er geht viel weiter; er öffnet den weiten Raum für die Gemeinschaft mit den Glaubensgeschwistern in Partnerkirchen und in der universalen Kirche Jesu Christi. Ein Willkommen, das hier und heute von freudiger Erwartung gestimmt ist, wird der Anruf Gottes. Die Einladung Gottes erschallt: „Siehe, jetzt ist die willkommene Zeit; siehe, jetzt ist der Tag des Heils" (2. Kor 6, 2). Als „freudige Nachricht" breitet sie sich aus (EG 649); sie ruft, sie beruft; sie beruft in den Ruf Gottes.

Im Rauschen der Wörter ergeht das Wort Gottes an uns. Einzig ist das „Invokavit": er ruft mich; ich will hören und Gott wird mich erhören. Persönlich betrifft das Wort der Gnade; zukunftsträchtig wirkt es in der Orts- und Weltkirche heute: „Siehe, jetzt ist der Tag des Heils". Amen.

Klagl 3, 22 – 26, 31 – 32: „Darum hoffe ich noch…"

(16. So. n. Trin) 15. 9. 2024 in Leimen

Gebet: Phil 2, 5 – 11 (EG 586)

Predigttext nach BasisBibel: Klagl 3, 22 – 26. 31 – 32

„Darum hoffe ich noch…!" - leise kam es über ihre Lippen. Wochen der Sorge und Angst lagen hinter ihr: Diagnosen und Therapievorschläge, dann die mehrstündige Operation mit folgender Besserung. Und nun der erneute Negativbescheid. - Enttäuschung, Schweigen bei ihrem Mann und den Kindern. Und sie? - Sie sagte leise: „Darum hoffe ich noch…!"

Vergleichbar spricht das soeben gehörte 3. Klagelied, das dem Propheten Jeremia zugeschrieben wird. Die „Basis Bibel" führt die alphabetische Gliederung dieses Klagepsalms vor Augen.

Gesungen wurde das Lied nach der Zerstörung Jerusalems im Jahr 587. Ein Trauma. Alles war zerstört, zusammen gebrochen: Lebensprojekte und Geschäftsmodelle, geistliche Heimat, physisches Wohlsein und psychische Erfüllung.

Nicht wenige erleben das in diesen Monaten der lebenswidrigen Pandemie. Zugleich aber erfahren sie auch mitmenschliche Solidarität: Insolvenz, aber auch staatliche Hilfe; Krankheit, aber auch professionelle Pflege; Einsamkeit, aber auch Zeichen der Liebe.

Hier in diesem Gebet steigen bedrückende Trauer und bittere Klage gen Himmel, ja, Anklage gegen Gott. Fern und verborgen sei er. Solche Klagen und Anklagen kamen und kommen immer wieder über die Lippen. Abwesend scheint der lebendige Gott, der Gott der Verheißungen. Der Beter schreit seine Not heraus. Wer klagt, jammert nicht; wer klagt, hofft. Angefochten und zweifelnd sehnt er Gottes Nähe und Hilfe herbei.

Zugleich geht der Beter in sich: „Dies nehme ich mir zu Herzen". Er erkennt den Riss mit Gott; dem Willen Gottes hat er sich verschlossen. Er gesteht seine Schuld.

Und da die Wende. Dem leidvollen Herzen fließt der Mund über. Er bekennt: „Dennoch will ich meine Hoffnung auf den Herrn setzen" (Ps 71, 23). Gottes Güte, Gottes „Aber", ist's, dass er nicht am Ende ist. Die Klagepsalmen eröffnen so nach dem Gebet aus der Tiefe mit einem „Aber" die Kehrtwende: „Ich aber vertraue darauf, dass du gnädig bist" (Ps 13, 6). Die Klage ist Ausdrucks der Zuversicht und des Glaubens.

Der Beter klammert sich an Gottes Ja hinter dem Nein. Hoffend wendet er sich zu dem, der für, nicht gegen, ihn ist. Zuversichtlich wirft er sich in die Arme dessen, der ihm gut ist und der wirklich helfen kann: hin zum lebendigen Gott. Denn Gottes Verheißung gilt. Sein Erbarmen hat noch lange kein Ende. Gott ist ihm näher, als er sich selbst ist. Und im Gebet flieht er hin zu dem, der ihm vorausgehend nahe ist.

In Jesus Christus offenbart sich Gott so, wie er eigentlich ist. Er öffnet sein Inneres, sein Herz. Gott selbst ist es, der bekennen lässt: „Seine Güte hört nicht auf". Seine Treue ist groß.

Durch und durch, bis an die Nieren, geht dem nicht leidenschaftslosen Gott unsere Verwundung an, unser Leid. Im erschreckenden, zugleich anstößigen Schrei Jesu am Kreuz: „Mein Gott, mein Vater, warum hast du mich verlassen" wird es einmalig laut. Alle Klagen klingen mit im Schrei des Sohnes zum Vater. Verwundet, gekreuzigt, erniedrigt am tiefsten Punkt ist er. Und gerade so ist er es, der stellvertretend in hingebender Liebe die Menschen mit Gott versöhnt.

Gott der Vater „aber" erhört und erhöht ihn. Gott setzt ihn ins Recht. Und in der Auferstehung hat Christus die letztgültige Macht von Leid und Tod überwunden: Christus victor, der Sieger.

Versöhnung mit Gott und untereinander schenkt er allen, die mit ihm Gemeinschaft haben. Erlösung verheißt er allen, die in der noch unerlösten Welt auf ihn hoffen. Und denen, die im tiefen Leid auf Gottes Güte und

Erbarmen vertrauen, wird der Mund geöffnet zum Bekennen: „Jesus Christus ist der Herr, zur Ehre Gottes des Vaters" (Phil 2, 11).

Ja, der lebendige Gott, von geduldiger Treue und großer Güte, verstößt nicht auf immer. Hat er heimgesucht und betrübt, so ist er doch barmherzig nach der Fülle seiner Gnade. „Gott legt uns eine Last auf, aber er hilft uns auch. Wir haben einen Gott, der da hilft" (Ps 68, 20f). Seine Gnade ist groß alle Morgen neu. Denn - wie der Wochenspruch bekennt - „Christus Jesus hat dem Tode die Macht genommen und das Leben und ein unvergängliches Wesen ans Licht gebracht durch das Evangelium" (2 Tim1, 10b). So setze ich meine Hoffnung auf den Herrn.

Und - Gott sei Dank! Bei der anfangs erzählten Frau erfüllte sich ihre Hoffnung. Durch ärztliche Kunst wurde ihr eine weitere Lebenszeit mit Einschränkungen von Gott geschenkt. „Darum hoffe ich noch …!"

Und so bete auch ich mit dem Lied:

„Meine Hoffnung und meine Freude,

meine Stärke, mein Licht,

Christus, meine Zuversicht.

Auf ihn vertrau ich und fürcht´mich nicht,

auf ihn vertrau ich und fürcht´mich nicht". Amen.

Joh 12, 12 – 24: Das Weizenkorn, das stirbt, bringt weit reichende Früchte

Palmarum (24. 3. 2024) in Ketsch

Ein Festzug bunter Menge geht hinaus Jesus auf seinem Weg von Bethanien nach Jerusalem entgegen. Erfüllt von messianischer Sehnsucht schwenken sie Palmenzweige als Hoffnungszeichen. Die Sehnsucht und Hoffnung vieler ist gerichtet – gegen die Besatzungsmacht Rom – auf eine gesellschaftliche Neuordnung, ja, die Weltordnung eines Reiches des Friedens und der Gerechtigkeit.

Immer wieder richten sich die Wünsche der Massen utopisch auf das Reich vollkommenen Wohls und Heils auf Erden, auf die auserwählte Volksgemeinschaft, die klassenlose Gesellschaft, auf das soziale Glück aller, vertreten durch eine Führerperson als Hoffnungsträger.

In Anklängen an einen religiösen Psalmen singt die Menge, viele in falscher Begeisterung:

„Hosianna!" Heil, Jesus; sein Name bedeutet „Retter". „Gelobt sei, der da kommt im Namen des Herrn, der König Israels". Irgendwie schwingt da die Erwartung eines politischen Erlösers mit. Hatte er doch bei der wunderbaren Auferweckung des Lazarus zu einer weiteren Lebenszeit bewiesen seine Macht; viele sehen darin ein „Zeichen", das über sich hinausweist. Andere wie die Pharisäer haben schon bei sich beschlossen, dass sie diesen populistischen Rabbi, dem eine immer größere Menge nachläuft und als religiösen und politischen Messias bejubelt, zu liquidieren, zu opfern; bezahlte Intrige und schändlicher Verrat werden dafür hingenommen und akzeptiert (11, 53; 11, 57; 12, 7).

Und Jesus? Er findet einen Esel, gerade kein Paradepferd; er reitet auf ihm weiter und geht so bewusst und freimütig seinen Weg als „Friedefürst", als König eines nicht irdischen Reiches, seinen Weg. Die Verheißung eine Propheten hatte darauf hingewiesen. Jesus reitet auf einem Eselsfüllen. Diese Zeichenhandlung hebt die jetzt laufenden Vorstellungen und Sehnsüchte schlicht aus den Angeln: sein

Reich ist nicht von dieser Welt. Sein Friede ist nicht, wie die Welt ihn gibt. Seine Gerechtigkeit ist Geschenk Gottes allein aus Gnade.

Viele in der Menge, auch die Mitläufer, singen weiter: „Hosianna! Gelobt sei der König Israels"; kurze Zeit darauf brüllt so manche und mancher von ihnen das „Kreuzige".

Den Jüngern und Jüngerinnen Jesu, ängstlich , sich öffentlich zu Jesus zu bekennen wie Petrus, bleibt das ganze Geschehen noch unklar, vieldeutig, verschlossen. Sie wissen um die Auferweckung des Lazarus als „Zeichen"; doch die „Stunde", auf die Jesus selbst mehrmals hinwies, sie bleibt unklar. Noch sehen sie nur die durch das Leiden und Kreuz Christi markierte Grenze vor sich. Noch bleibt das furchtbare Sterben und der Tod Jesu. Jesus stirbt den schändlichen Kreuzestod.

Und da sind auch noch andere, Griechen werden sie genannt, aus der weiten Ökumene, die Jesus sehen wollen, sehen, wer er ist - für sie. Das ist mehr als bloßes mitlaufen, mehr als was vor Augen ist, mehr als unklares Mitlaufen mit der Menge. Diese anderen ahnen und spüren schon mehr in dem Rabbi Jesus: das verheißene Reich, das in den Äon der Auferstehung hinein gehört. Ihr Sehen umfasst schon erkennen, weil erkannt, erfahren, weil widerfahren, erblicken, weil angeblickt im Augen-Blick dieses Jesus auf dem Eselsfüllens auf dem Weg nach Jerusalem.

Und ich? Und wir zu Beginn der Karwoche? Ich lassen mich mitnehmen mit der bunten Menge des Festzugs für Jesus auf dem Eselsfüllen, um immersiv teilzunehmen an seinem Weg Jerusalem entgegen. Eigentlich ist mir ja eine Menschenmenge in der Regel unangenehm, gerade massenhafte Aufmärsche. Andererseits bin ich dankbar und stimme zu den Demonstrationen für unsere Demokratie in den letzten Tagen. Aber hier ist es noch anders. Die Menge ist bunt und sehr verschieden, wie wir beobachteten. Viele, d. h. ein jeder besonders und individuell, verbindet ein Sehnen und Hoffen nach mehr und auf das, was da kommt. Und das ist etwas – oder besser – einer, der wie ich ist und doch ganz anders, weil er alles für mich ist, dem ich begegne, weil er auf mich zukommt und Zukunft eröffnet.

Ähnliches erlebe ich auch bei manchem erwartungsvollen Weg zum Gottesdienst, wo das Evangelium mir und der Gemeinde wirkmächtig hörenden Herzen verkündigt wird; auch bei Kirchentagen, wo viele junge Menschen gespannt zu den Bibelarbeiten in den Hallen strömen; bei ökumenischen Pilgerwegen, auf denen kleine oder größere Gruppen hoffnunfsvoll einem Ziel entgegen wandern, und das ist der, der zu mir spricht und zu uns kommt.

Lassen wir uns mitnehmen zu Beginn der Karwoche auf den Weg Jesu nach Jerusalem. Wer sind wir? Und in wem erkennen wir uns wider: in denen, die bloß mitlaufen? In den Jüngerinnen und Jüngern, die jetzt noch das Kreuz Christi als markierte, unüberwindliche Grenze wahrnehmen ? Oder in den ökumenischen Gästen, hier Griechen, die mit hörenden Herzen und sehenden Augen erfahren, ja, glauben wollen, wenn sie bitten „Wir wollen Jesus sehen", wer er für mich und uns ist?

Ihnen eröffnet Jesus, wer er ist. Es ist die „Stunde", in der er auf dem Eselsfüllen Leiden und Kreuz entgegengeht und so verherrlicht wird, so ganz anders, erniedrigt und erhöht, wie die gehörte Schriftlesung in Phil 2, 4 – 11 preisend singt. Gottes Liebe in der Hingabe des Sohnes für die Welt ist es, die ihn durch seine Auferstehung Kyrios des zu-kommenden Königtums über alle weltliche Gewalten werden lässt. So schenkt Gottes Liebe zu uns Menschen in der Selbsthingabe des Sohnes am Kreuz Leben und schafft Zukunft mir persönlich und universal, ganz neu: Leben aus der Vergebung.

Da werden die Jüngerinnen und Jünger nicht mehr nur die durch das Kreuz Christi markierte Grenze vor sich sehen, sondern mit glaubenden Herzen im gekreuzigten Jesus den auferstandenen Christus, ihren Bruder und Herrn. Auch der Blick mancher Mitläufer in der Menge wird klar. Und noch weiter in „alle Welt", wie die Pharisäer feindselig beklagen, geht der sehende Blick und „um alle Welt" das gläubige „Hosianna" in ökumenischer Weite als Kraftquell der

Ökumene. Denn „wenn das Weizenkorn nicht in die Erde fällt und erstirbt, bleibt es allein; wenn es aber erstirbt, bringt es viel Frucht", verheißt der, der sich wirkmächtig und ermächtigend offenbart: „Ich bin. Ich bin der Weinstock und ihr seid die Reben; wer an mir bleibt und ich in ihm, der bringt viel Frucht. Denn ohne mich könnt ihr nichts tun".

Ein biblischer Zeuge kurz darauf in der frühchristlichen Gemeinde bekennt Christus, den Gekreuzigten, als den, „der sich selbst für uns gegeben hat, damit er uns erlöste von aller Ungerechtigkeit und reinigte sich selbst ein Volk zum Eigentum", ja, „ein Volk zum Eigentum, das eifrig ist zu guten Werken" in Selbstzurücknahme und liebender Hingabe (Tit 2, 14). Das ist auch uns zugesagt jetzt in der „stillen Woche" hin auf Karfreitag und Ostern.

Lassen wir uns als seine Nachfolger, die zu ihm gehören, mithineinnehmen auf den Weg Jesu, der vollmächtig verheißt „Ich bin der Weg und die Wahrheit und das Leben". Amen.

Röm 14, 7 – 13: Menschliches Richten und Gottes Gericht

Vorletzter So. im Kirchenjahr (19. 11. 2023) in Leimen

„Unser keiner lebt sich selber, und keiner stirbt sich selber. Leben wir, so leben wir dem Herrn; sterben wir, so sterben wir dem Herrn. Darum: wir leben oder sterben, so sind wir des Herrn. Denn dazu ist Christus gestorben und wieder lebendig geworden, dass er über Tote und Lebende der Herr sei" – so die große Verheißung Gottes, die der Apostel Paulus hier bezeugt. Am Grab vieler getaufter Christen - etwa 1000 – habe ich als Gemeindepfarrer diese Verheißung den Angehörigen zugesagt.

Geburt und Tod, Leben und Sterben, Anfang und Letztes bezieht die Verheißung auf Gott und lässt alles von Gott getragen sein. Und wir gehören ihm, denn er ist für uns. Der Grund dafür zeigt sich in Jesus Christus, Gottes eingeborenen Sohn, unsern erstgeborenen Bruder; „denn dazu ist Christus gestorben und wieder lebendig geworden, dass er über Tote und Lebende der Herr sei". Es geht um den Quellgrund des Glaubens, um „Sache", wovon Christen in ihrem Leben und Sterben Rechenschaft geben. Es ist das Hoffnungswort, das Evangelium, damals an die Gemeinde in Rom und heute an uns: „Jesus Christus – der Kyrios, mein Erlöser". Welch eine Verheißung!

1. In der Gemeinde in Rom waren verbissene Auseinandersetzungen über Speisegesetze und Gottesdienstzeiten ausgebrochen. Der Streit drohte zu spalten, wie heute manchmal bei Gemeindefesten über vegetarische oder fleischliche Kost oder bei Umwidmen eines Kirchengebäudes oder bei gesellschaftlichen Herausforderungen wie Aufnahme von Migranten. Man setzt sich auseinander, man urteilt, ja, man verurteilt auch und richtet über andere.

Der Apostel Paulus stellt den Streit innerhalb der christlichen Gemeinde „vor Gott", vor Gottes Anblick, vor Gottes Urteil. Alles gehört ja ihm, weil er für alle da ist. Paulus will nicht alles gleich machen, gar verlieblichen. Er stellt die Auseinandersetzung einfach „vor Gott". Jeder wird Rechenschaft zu geben haben für eigenes Reden und Tun, alle – wir denken heute am Volkstrauertag an die Gefallenen und Geschundenen der Weltkriege und der gegenwärtigen Kriege – alle, nicht nur Putin und all die anderen Kriegstreiber. Paulus relativiert unser menschliche Perspektive, das Urteilen und Richten der Menschen über einander, gesetzlich und unfrei, wie es oft ist, auch kleingeistig durch einen Ungeist. Paulus kennt die Unterschiede zwischen Menschen, weiß aber um das Unterscheiden ohne zu trennen; er weist auf das Unterscheiden zwischen dem Richten der Menschen und dem Gericht Gottes.

2. Liebe Gemeinde, es geht hier um das Reden von uns Menschen, um den Gebrauch von Worten in Gemeinde und Mitwelt heute, um das treffende Wort zur richtigen Zeit, um gutes Sprechen und Schweigen, auch um öffentliches Reden und nicht stilles Verschweigen.

Gewiss gehören zu unterschiedlichen Menschen, die wir sind, auch unterschiedliche Meinungen, Ansichten und Urteile in Sachfragen. Doch heute kommt es so oft nur zur Personalisierung unterschiedlicher Beurteilungen. Es wird dem andern gegenüber moralisiert; es kommt zu Ärgernis, Unterstellung, Falschmeldung zwischen Ich und Der da, zwischen, wir und Die da. Man redet nicht mehr miteinander, sondern nur über einander. Das angespannte Verhältnis eskaliert durch Verleumdung, gar Hassrede und feindliches Urteil zu Spaltung, die alles gute Zusammenleben hindert und zerstört. Man sieht nur noch sich selber und kreist um sich allein, beziehungslos, ohne Zukunft.

Worte werden real; unser Reden schafft Wirklichkeit: das anerkennende Wort und die verletzende Rede.

Wie Zukunft eröffnend können anerkennende und vergebende Worte sein, aber auch wie gnadenlos kann Urteilen und Richten unter Menschen sein! Ja, Worte können töten oder lebendig machen, wie Jesus in der Bergpredigt verkündigt.

Eine Bagatelle, unbedeutend mag es da sein, dass der 10-jährige wütend schreit: „Du bist schuld, du Schuft; ich hasse dich" und den andern von sich stößt. Doch die Rede anderer, heranwachsender oder erwachsener, werden ernst. Worte, Sprüche, Parolen – gar ideologisch besetzt –, Hassrede entbergen Gewalt: Anschläge auf Schienenverkehr, Angriffe gegen gewählte oder angestellte Vertreter des demokratischen Staates. Spalten hindert oder zerstört Gemeinsinn und Gemeinwohl in Gemeinde, Kommune und Gesellschaft.

3. Paulus verkündigt die Wirklichkeit Gottes: alles ist von ihm und zu ihm; allen gilt sein Gericht, vor dem ein jeder, alle, ich und du, Rechenschaft über Reden und Tun geben wird. Gott nimmt uns ernst in unseren Tun und Unterlassen durch diesen Umkehrruf und den Ruf zur Hilfe für den Notleidenen, wie wir in der Schriftlesung hörten (Mt 25, 31 – 46). Aber sein Gericht ist ganz anders als das Richten von und unter Menschen. Gottes Richten ist nicht gnadenlos. Gottes Gerechtigkeit ist weiter; Gott im Geheimnis seiner freien Liebe kennt Erbarmen. „Denn dazu ist Christus gestorben und auferstanden": Gottes Liebestat „für uns" in Jesus Christus, Gottes eingeborenen Sohn, unserm Bruder und Herrn. Von ihm haben wir alle immer neu erfahren „Gnade" (Joh 1, 16); ihm gehören wir, denn er ist für uns. Er schenkt Vergebung, d. h. neues Leben jetzt und in Ewigkeit. So gilt die Verheißung , dass Gott auch im „Letzten" zurecht richten wird, was bei uns bruchstückhaft blieb, was ich schuldig blieb und wo ich schuldig wurde in Worten und Taten, Ja, dass Gott „auch aus unseren Fehlern und Irrtümern Gutes entstehen lassen kann" (D. Bonhoeffer). Gottes Gericht offenbart sich als gnädiges Richten und Zurecht.richten, das immer schon von Christi Erlösungstat „für uns" überstrahlt und von Gnade und Erbarmen bestimmt ist.

4. Die Botschaft und das Bekenntnis von Gottes Gericht – im Unterschied zum Richten von und über Menschen - kommt heute in Worten des Dankens und

Lobens der Barmherzigkeit Gottes in Jesus Christus zur Sprache. Zugleich ruft es uns zu Selbstkritik und verantwortlichem Gebrauch unseres Redens im alltäglichen Miteinander in Familie, Gemeinde und Gesellschaft. Es geht um das gute Wort im treffenden Moment, um das richtige Reden und Schweigen u. z. aus dem Reden mit Gott, dem Gebet. Das Gebet entbirgt heilende Rede. Die Auslegung des 8. Gebots spricht davon: den andern entschuldigen, Vergebung zusagen; Gutes von ihm reden, ihn anerkennen in seinem Tun als Person; alles zum besten kehren, Verleumdung und Hetze wehren. Es geht um geheiltes und heilendes Sprechen, um gelingendes Reden und Schweigen „vor Gott" im Alltag „der Welt".

Es geht zugleich auch um das klare Reden, nicht Schweigen, zur Zeit, die Widerspruch notwendig macht. Heute gilt die Rede gegen Antisemitismus im Privaten und Öffentlichen, konkret, da wo dieser wieder laut wird. Das braucht das klare Urteil und häufig auch Mut. Reden wir für die Diskriminierten, die Schwachen, die Notleidenden. Auch so geschieht heilendes Sprechen und gelingende Rede „vor Gott" im Alltag der Welt. „Denn unser keiner lebt sich selber und keiner stirbt sich selber. Leben wir so leben wir dem Herrn; sterben wir so sterben wir dem Herrn. Darum: wir leben oder sterben, so sind wir des Herrn. Denn dazu ist Christus gestorben und wieder lebendig geworden, dass er über Tote und Lebende der Herr sei".

Liebe Gemeinde, Christen sind Menschen der Hoffnung, der Zukunft Gottes, der vorletzten Hoffnungen und der letzten Hoffnung durch Gottes Gnade und Erbarmen in Jesus Christus. Amen.

Ps 77, 14 – 21 : „Natur in Angst"

Predigt im Mittwochfrüh-Gottesdienst in der Peterskirche am 3. 7. 2024

Liebe Gemeinde. Ist das naiv? Weist – gerade im I. Kantjahr 2024 – das nur auf die eigene Unmündigkeit?

Wenn ein Unwetter mit Sturmregen, Donner und Blitz sich nahte, meine Mutter Türen und Fenster geschlossen, alles Notwendige getan hatte, rief sie uns Kita-Kinder und betete mit uns: „Lieber Gott, behüte uns und unser Haus und alle um uns". Ist das naiv?

Aber auch wir Erwachsene singen ja heute gern: „ … dein Macht und Güt` ist groß; drum wollst du von uns wenden Mehltau, Frost, Reif und Schloß, (Hagel)" (EG 501, 2).

1. Von einem gewaltigen Unwetter singt der Psalm 77, 17ff.: Blitze schießen wie Raketen vom Himmel, Donner rollen wie Jagdbomber, Wassermassen ergießen sich aus schwarzen Wolken. So erlebten es Mitmenschen im Ahrtal, im Saarland und weiter in Porto Alegre, Neu-Guinea und in den Schweizer Alpen. Häuser, Srraßen, Gärten und Felder werden zerstört; Leben wird vernichtet durch die Schrecken der Natur.

Selbst A. Schweizer sagt dazu: „Die Natur kennt keine Ehrfurcht vor dem Leben ... Die Natur ist schön und großartig, von außen betrachtet, aber in ihrem Buch zu lesen, ist schaurig. Und ihre Grausamkeit ist so sinnlos. Das kostbarste Leben wird dem niedrigsten geopfert" (A. Schweizer, Ehrfurcht vor dem Leben, Mü 1988, 33: Predigt in Straßburg, St. Nicolai am 23. 2. 1919).

Die katastrophische Urgewalt der Natur bildet sich mit dem Alten Testament ein in die mythologische Vorstellung vom Meerdrachen Leviathan (Jes 27, 1). „Er macht, dass die Tiefe brodelt wie ein Topf, und rührt das Meer um, wie man Salbe mischt" (Hi 41, 23). Aber auch chaostheoretische Erklärungen verbinden sich: der Flügelschlag eines Schmetterlings weit weg auf der anderen

Seite des Globus erregt in nicht-linearen Prozessen selbstorganisierender komplexer Systeme ein Schrecken und Tod verbreitendes Unwetter hier.

2. Wasser, Quelle des Gedeihens, der Reinigung, des Lebens, ja, des neuen Lebens verkehrt sich in mitreißende Sturzbäche und tötende Hochwasser. Gegen seine Leben erhaltende Bestimmung zerstört es die gute Schöpfung Gottes. In diesem und gegen diesen Widerspruch bäumt sich die Natur auf. Die Wasser wüten, sie kreischen, sie seufzen, sie stöhnen. „In Angst", klagen sie an und klagen.

Die Natur „in Angst" klagt an den mitgeschöpflichen Menschen. Obwohl zur Pflege und Bewahrung dem Menschen anvertraut, wird sie von ihm gequält und ausgebeutet, zur bloßen Sache gemacht. Im Furor der Anklage bringt die Natur katastrophisches Leid, wie beim Erdbeben von Lissabon 1755. Trotz des Menschen vorausschauende Planung, vorbeugende Maßnahme und auch durch dessen fahrlässige Unkenntnis und dessen schuldhaftes Versagen wenden sich die Wassermassen anklagend nun gegen ihn. Der Zerstörung und Tod bringende Leviathan repräsentiert da die Angst, die sich selbst die Zukunft verschließt.

Die Natur „in Angst" klagt auch vor Gott. Denn „die Wasser sahen dich und ängstigten sich": „Wo ist ein so mächtiger Gott wie du?" (14). Als Schöpfer hat Gott den Leviathan bloßes Geschöpf sein lassen (Ps 104, 26). Auch die Naturgesetze nimmt er in seinen Dienst. Die Natur klagt hier vor Gott, dass sie verzweifelt nicht zu sein vermag, was sie eigentlich ist, eben Gottes gute Schöpfung; sie verkehre sich im Leviathan verzweifelt gegen die Bestimmung ihres Schöpfers. Sie klagt, sie seufzt, sie sehnt sich „in Angst" nach Heilung und ihrer Erlösung (Röm 8, 22).

3. Und Gott? - Verborgen, „niemand sah deine Spur" – Gott offenbart sich, wie vor Hiob, Kap. 38 – in epiphaner Rede als der Schöpfer und Erhalter der Natur,

seiner Schöpfung, heilig und mächtig. Darum die staunend antwortende Frage des Psalmbeters: „Wo ist ein so mächtiger Gott wie du?" Gott nämlich nimmt die geschaffene Natur, die Wasser, das Meer hinein in die Rettung seines Volkes, in seine Heilsgeschichte: er nimmt sie in den Dienst des Exodus der Befreiung des Volkes Israel am Roten Meer. Durch die Hand von Mose und Aaron wirkt er Rettung, Bewahrung und schenkt Zukunft. Gott ist da. Retter ist er.

Und so tut Gottes erbarmende Liebe es in der Zeitenwende des Kreuzes Christi. Zeichen der Hoffnung und Zukunft ist das Kreuz für die christliche Gemeinde und für die geschaffene Natur. Dies ist der Ort, wo Gottes Liebe in Jesus Christus wirkt Erlösung zu Heil und neuem Leben der ganzen Welt.

Denn du, Gott „kannst den Leviathan am Haken ziehen und sein Maul mit einem Strick niederhalten" (Hi 40, 25). Die Macht des „geköderten Leviathan" - so eine bekannte Metapher für Gottes erlösendes Handeln im Kreuz Christi – ist im Kreuz des Angelhakens gefangen und übermächtigt. Die Tod bringende Gewalt des Leviathan ist letztlich am Ende. („Hortus deliciarum" des Harald von Landsberg, 12. Jahrh.). Rettung ist im Kreuz des Angelhakens verheißen der „Natur in Angst" wie der Menschheit „in Angst". Und in liebendem Erbarmen, aus Gnade, erhält Gott – auch kontingent, auch emergent, auch immersiv – trotz noch zerstörendem Bösen, trotz Sünde und Schuld der Menschen seine anklagende und klagende Natur. Sie ist und bleibt ja seine gute Schöpfung, Und Gott erhält sie um der Erlösung willen, eben das, was allein von Gott jetzt und in Zukunft kommt. Daran erinnert und dessen gedenkt der Psalmbeter und eröffnet so Zukunft in der Gegenwart.

Liebe Gemeinde. Bei unserer Wassertaufe – wir werden heute auch an sie erinnert - wurde uns ganz persönlich Gottes befreiende, Zukunft schenkende Liebe zugesagt. Im Erinnern und Gedenken vergegenwärtigt sie sich als Liebe Gottes zu uns in und mit seiner Gemeinde. Der dreieine Gott spricht sein liebendes Ja zu uns und und zu seiner geschaffenen Natur, mit der wir leben als seine Geschöpfe. Durch seine Gnade in Christi Kreuz und Auferstehung eröffnen sich Horizonte der Hoffnung und gelingenden Lebens an jedem neuen Tag, den Gott uns schenkt. Und diese Verheißung erfährt Echo, Resonanz in unserem verantwortlichen Planen, vorbeugenden Maßnahmen und im Gebet, begleitet vom Staunen des Psalmgebets. „Wo ist ein Gott so mächtig wie du?" .

Nicht naiv oder unmündig ist das, sondern fromm, weise und mutig, wie es meine Mutter mit uns Kindern lebte und uns weitergab. Amen.

2 Kor 4, 3 – 6: „Epiphanias – Gottes Verheißung und Verweis"

6. 1. 2023 in der Peterskirche in Heidelberg

1. Noch ganz im Licht von Weihnachten leben wir „post Christum natum": Gott wurde Mensch, Gottes „Äonenwende" in politischen Zeitenwenden. „Das ewig´Licht geht da herein". Es verbindet sich hier i2 n der Peterskirche mit den wunderbaren Schreiterfenstern: ökumenisch-weltweit, die Zukunft Gottes in das Jahr 2023 hinein. Denn „so spricht Gott"; Gottes Verheißung und Verweis, Gottes An- und Durchsage ist es: Gott, der am Beginn der Schöpfung das Licht in der Chaosfinsternis, die wir gerade gegenwärtig erleben, aufleuchten ließ - Gott hat in unser Herz Strahlen seines neuschaffenden Geistes gesandt, damit durch diese Aufklarung der Glanz Gottes in Jesus Christus angesichtig und ansichtig wird in unserem Leben. Denn „von seiner Fülle haben wir alle genommen Gnade um Gnade" (Joh 1, 16). Einer meiner biblischen Lieblingsverse ist es gerade am Beginn des Neuen Jahres. Auf ihn antwortet der Choral des so geliebten Weihnachtsoratoriums, Teil V, zum Epiphaniasfest: „Dein Glanz all Finsternis verzehrt, die trübe Nacht in Licht verkehrt". Durch den Apostel Paulus richtet Gott diese Verheißung - wie an die Gemeinde in Korinth - so an uns, die Gemeinde in Heidelberg.

Liebe Gemeinde, eine Erzählung, eine Narration hören wir von der an Lichtmetaphern reichen Offenbarung der Liebe des dreieinen Gottes; Licht und Leben, das allem Finsteren in Schöpfung und Menschheit vorausgeht, breitet sich aus. Und wir sind hineingenommen in Gottes Zusage und Tun. Evangelium wird verkündigt von dem, der sagt: „Ich bin des Licht der Welt" (Joh 12, 46).

Es eröffnet, wie es da heißt, die „Wahrheit" Gottes, die sich bewahrheitende und freimachende Wahrheit in Jesus Christus; Ebenbild Gottes und Bestimmung des Menschen ist er. Als Gottes

Verheißung, die wirkt, was sie sagt, und sagt, was sie wirkt, wird es von Paulus verkündigt, um, wie in Korinth, so in unseren Herzen als „Gnadenstrahl" epiphan zu werden und das Licht des Glaubens entzündet. Nicht der Mensch ist es, der aus sich diese Wahrheit findet, vielmehr findet sie den, der sich finden lässt und glaubt. So der Literaturwissenschaftler Georg Kaiser, wenn er schreibt: „Wonach ich mich denkend ausstrecke, ist die Wahrheit des Christentums", die ich nicht selbst finde, „aber glaube"[8].

Paulus sprich hier von „Erleuchtung, photismos": das Licht fällt ins Auge, öffnet den Blick, ein Flammenwurf, ein „springender Punkt", ein Lichtblick. Das Licht bildet sich ein in Herz und Gewissen, klärt auf, erschließt Sinn. Es erweist sich als Sehen, weil schon gesehen und ersehen, als Erkennen, weil erkannt, als Erfahren, weil widerfahren. Und von Gott angesehen, beten wir als Geschwister mit dem zu Gott, der ihn, den Vater, „Abba" nennt. Ebenbild Gottes ist er. Sein „Bild soll in unser Herz dringen", wie Luther einmal sagt. Und „in seinem Licht sehen wir das Licht" (Ps 36, 10). Sein aufklarendes und aufklärendes Licht wird epiphan hier und jetzt, weltweit und zugleich konkret.

2. Liebe Gemeinde, der Apostel Paulus ist bedrückt, niedergeschlagen von dem, was er in der Korinthischen Gemeinde wahrnimmt: diese fühlt sich wie in einem Lichtkegel, in dem sie selbst mehr als andere blinkt und glitzert.
Paulus, im Brief, predigt. Er prüft, er unterscheidet. Nicht spalten will er.
Paulus verkündigt das aufdeckend-kritische und das erhellend-schöpferische Licht des Wortes Gottes.

---

[8] Georg Kaiser, Kann man nach der Wahrheit des Christentums fragen ?, in: ZThK 1995, 120

Seine Botschaft fand wenig Resonanz. Das Licht des Evangeliums verdämmerte, wurde trüb und matt. Das Evangelium von Krippe und Kreuz erschien zu unattraktiv. Verblendet durch sich selbst, war man sich selbst genug.

Mit seiner Predigt deckt Paulus auf, er unterscheidet das unverfügbare Licht von den gemachten Lichtern, die Gottes Licht zu zersetzen drohen.

Paulus bietet damit keine einfache, gar vereinfachende Lösung an für die Unklarheiten, für die Dilemmata und für all das zwielichtige Durcheinander.

Der Apostel verkündet das Licht, Liebe und Leben wirkende Heil des dreieinen Gottes in Jesus Christus: Er verkündet es frei und öffentlich, wie es da heißt, als „Licht vom Angesicht Jesu Christi"; „der uns gemacht ist zur Weisheit und zur Gerechtigkeit und zur Heiligung und zur Erlösung" (1 Kor 1, 30). Paulus Botschaft spricht am Epiphaniasfest zu uns. Manche Vernebelung, Verschattung, Verfinsterung auch hier. Gottes Verheißung für die gute, ökologisch zu bewahrende Schöpfung, findet durch unseren Lebensstil oft taube Ohren. Der Schein des weihnachtlichen Lichtes wird nicht selten überschattet durch Anderes, scheinbar Nützlicheres, das, weil plausibler, heller blinkt, auch blendet und verblendet. Wir Menschen konstruieren unsere eigene Realität, die Gottes Wirklichkeit

vergessen lässt, sein Licht verdüstert, so dass Menschen - wie Jesaja prophezeite - aus Licht Finsternis machen und aus Finsternis Licht; und es finster wird „vor Angst" und Sorge (Jes 5, 20, 30) gleich einer „Gottesfinsternis".

Gott wird im Alltag vergessen, Christus verschämt verdrängt, der persönliche Glauben verschwiegen.

Verdunstend oder austrocknend, kleingläubig oder gleichgültig sinkt der Grundwasserspiegel des Glaubens: die Zuversicht, dass Gottes Wort gegenwärtig wirkt, dass Gott wirklich da ist und seine Liebe sich als Lebenselexier erweist heute.

Aber, liebe Gemeinde des Epiphaniasfestes, da ist Paulus' „So spricht Gott", Gottes Verheißung. Auf sein Wort hin, das sagt, was es tut, und tut, was es sagt, dürfen wir – bei all unseren Fragen und Anfragen, Klagen und Anklagen - vertrauen und gewiss sein: das Licht des Lebens und der Liebe Gottes scheint trotz menschlicher Trübungen gegen die Finsternisse in unsere Welt. Das Licht des schöpferischen Anfangs und die Wiederkehr des Glanzes ist da, Licht „nicht unter dem Scheffel" versteckt, sondern Licht auf dem Leuchter.

Da ist Glut unter Asche, lebenswirklich und lebensdienlich, weil Glaube und Leben zusammengehören. Da sind alltägliche Erlebnisse und Erfahrungen, die das Licht Jesu Christi epiphan machen. Da ist die flackernde Kerze, die Finsternis verzehrt, schimmernd selbst auf zerbrochenen Scherben. Spuren des Lichts, oft Spurenelemente. Kein bloß verglimmender Docht. Da schreibt etwa ein Konfirmand in sein kleines Neues Testament, das ihm die Oma zu Weihnachten geschenkt hat: „Jesus Christus – mein Herr".

Da bekennt in der Moderation des Eröffnungsgottesdienstes der letzten EKD-Synode in Magdeburg ein Richter persönlich: vor weitreichender Entscheidung im komplizierten Strafprozess bete ich.

Da geht – bei all den kirchlichen Veränderungen - Gemeindeältesten das Licht auf, dass wir in der Kirche Jesu Christi mehr Empfangende als Agierende sind.

Und da leuchtet auf, dass dem Gebot, die Schöpfung zu bewahren, vielerorts und notwendender Weise immer kreativer gefolgt wird, dass Flüchtlinge aus der Ukraine konkret und direkt ein vorübergehendes Zuhause bekommen, dass Mutbürger sich mehr und mehr wehren gegen Hassreden, Verschwörungstheorien, gewaltsamen Umsturzplänen für Freiheit, Recht und Demokratie.

So scheint das Hintergrundlicht des Wortes Gottes auf unseren Wegen, erhellt, findet Widerschein und Resonanz.

Damaskus ließ Paulus die eigene Finsternis „wie Schuppen von den Augen fallen" (Apg 9, 18). Angesehen wurde er sehend und wurde gesandt. Keine

imposante Lichtgestalt war er, kein Star mit glänzenden Events.
Aber hineingenommen wurde er in die Ansage der Liebesgeschichte des dreieinen Gottes.

3. Liebe Gemeinde, Paulus´ Herz schlägt für Jesus Christus. Die Erfahrung bei Gottes in und mit der Welt.

Die Verheißung Gottes vom Licht in der Chaosfinsternis als das Heil für Menschen und Schöpfung prophezeit Paulus. Das empfangene Evangelium gibt er weiter. Frei und öffentlich bezeugt er die erhellenden, auch brennenden Strahlen des Wortes Gottes. Er predigt Gottes Liebe gegen Verdunklungen und Verblendungen, gegen die Götter der Zeit und gegen all die Verstrickungen in Hybris und Gier, in Ungerechtigkeit und Schuld.
Gott sieht unsere Welt, Gott sieht uns. „Du bist ein Gott, der mich sieht (Gen 16, 13) und wir erkennen dich im Angesicht Jesu Christi und in den Gesichtern unserer Mitmenschen in Leid und Glück.

In der „Freiheit eines Christenmenschen" gibt Paulus das Wort von der Wiederkehr des Glanzes in der Welt weiter. Ein freier Mensch, ja, Herr ist er über alle Dinge, die als Sorge und Angst unfrei machen wollen. In den freien Dienst stellt er sich, sich selbst in Liebe zurücknehmend um Christi und der Gemeinde willen. Mit Christus lebt er durch den Glauben, mit dem Nächsten durch die Liebe; und bleibt in Gottes Liebe.
Und es geschieht, dass die Gemeinde und Kirche einen weiten Raum eröffnet, in dem die Hoffnung der Menschen auf das Kommen Gottes die Herzen bewegt und gelebter Glaube als Fackel der Liebe die Welt verändert.

Denn da ist Gottes Verweis und Gottes Verheißung, „Licht auf dem Weg", wie die Arie des Weihnachtsevangeliums, Teil V, zu Epiphanias wiederum singt:

„Dein Wort soll mir die hellste Kerze in allen meinen Werken sein".

Und liebe Gemeinde, da ist das Geschenk der Taufe – man „sieht´s am Leben der Getauften, was sie von der Taufe halten". Da wird die Feier des Abendmahls gelebt– erkennbar wird´s im „vernünftigen Gottesdienst" des Alltags. Christsein und Christwerden wird so licht.

„Der Herr ist mein Licht und mein Heil. Vor wem sollte ich mich fürchten!", antworten auch wir (Ps 27, 1). Denn „die Finsternis vergeht, das wahre Licht scheint schon" (1 Joh 2, 8b), so der heutige Tagesspruch. Resonanz ist er auf die An- und Zusage : „Gott, der da sprach: Licht soll aus der Finsternis hervorleuchten, der hat einen hellen Schein in unsere Herzen gegeben, dass die Erleuchtung, photismos, entstünde zur Erkenntnis der Herrlichkeit und Wahrheit Gottes in dem Angesicht Jesu Christi" und wir im Schein des „Sterns der Weisen" unsere Wege im Neuen Jahr gehen (Mt 2, 12).

Und er Friede Gottes, der höher ist als unsere Vernunft, bewahre unsere Herzen und Sinne und unser Tun im Glauben an Jesus Christus, dem Licht der Welt. Amen.

Dan 7, 1 – 14: Das richtige Unterscheiden

Gottesdienst am Himmelfahrtsfest 2022 (26. 5. 2022) in der Heidelberger Peterskirche

1. Liebe Gemeinde,, „Christi Himmelfahrt" – wie Jahresringe eines Baumes kreisen meine Erinnerungen um diesen Tag.

Bei den Propstei-Jugendtreffen der jungen Gemeinde sang ich kräftig mit: „Jesus Christus, König und Herr, sein ist das Reich, die Kraft die Ehr; gilt kein andrer Name, heut´und ewig, Amen". Jungenschaftler mit dem Kreuz auf der Weltkugel am Jackenkragen waren wir als Kriegs- und Nachkriegskinder. Die Zerstörungen des Krieges sahen wir noch um uns. Von den Schrecken der Schoah hörten wir. Die Totalität des Nazi-Regimes vermochten wir nicht zu begreifen. So eröffneten mir die Frauen und Männer des „anderen Deutschland" und die friedliche Einigung der europäischen Staaten eine Zukunftsvision. Darum sangen wir damals bei den Himmelfahrtstreffen der evangelischen Jugend in Preetz, in Breklum, in Gettorf auch gegen die Jugendweihe in der Ostzone und gegen das materialistische Ideologie verkündende Geschenkbuch „Weltall, Erde, Mensch" (1957).

Ich erinnere mich da: in einer Andacht rief unser Jugendpastor etwa so: das richtige Unterscheiden, das ist uns jungen Christen wichtig.

Wieder stimmte ich dieses Himmelfahrts-Lied an bei meinem erstbesuchten Evangelischen Kirchentag in München 1959: „Ihr sollt mein Volk sein". Wir sangen es bei einer Bibelarbeit, gemeinsam Gemeindeglieder aus West und Ost.

Später bei ökumenischen Gottesdiensten im Freien verband sich das Lob der Königsherrschaft Christi mit dem Appell gegen verengten Konfessionalismus und gegen Zerstörung der geschöpflichen Mitwelt.

Und heute? Das richtige Unterscheiden?

Wir hören und lassen zu uns sprechen eine Vision des Propheten Daniel, Text Dan 7, 2 – 14:

2. Liebe Gemeinde, „in der Mitte der Nacht", bedrängt, hin- und hergerissen von Not, Trübsal, Kleinmut, gerät Daniel außer sich und schildert dieses düstere Nachtgesicht. Auch andere Propheten des Alten und Neuen Testaments – wie auch spätere Seherinnen und Seher - lassen die Zukunft schauen, eröffnen, was Gott vorhat in und mit der Welt.

In seiner Bedrängnis sieht Daniel vier von unten aus der dunklen Tiefe auftauchende Ungeheuer, ganz so, wie aus dem bösen Herzen des Menschen (Gen 8, 21b) finstere Gedanken Gestalt gewinnen. Bilder von mythischen Elementen und gewaltsamen Weltmächten werden vor Augen geführt: es taucht auf ein geflügelter Löwe für die Macht des babylonischen Reichs; dem Löwen werden die Adlerflügel ausgerissen; er versinkt in der sturmgepeitschten See. Sodann erhebt sich der Bär der Meder, grausig die Krallen wetzend, und verschwindet in den Wellen. An seiner Stelle erhebt sich ein vierköpfiger Panther, Symbol der Perser; aus streckt er die gefiederten Glieder in alle Himmelsrichtungen; auch er wird in die Tiefe gezogen. Schließlich erscheint ein Schrecken erregendes Monster; mit eisernen Zähnen zermalmt und verschlingt es alles um sich, wie die Macht Roms die anderen Völker verschlingt; auch dieses verschwindet im Sog des Meeres.

„Es war aus mit ihnen", mit ihrer Macht, ihrem Reich, heißt es, alles versunken, alles nur „Steingeröll am Rand der Weltgeschichte" (G. Benn).

Die Schau des vierten Ungeheuers erzählt noch, dass aus seinem Gehörn ein kleines Horn hervorstösst; es hat ein schreckliches Maul, das große Sprüche, Versprechen und Gesetze erlässt. In der apokalyptischen Deutetradition bezieht man das kleine Horn auf den Antichrist, d. h. auf den gewaltsamen Zerstörer der rechtlichen, sittlichen und religiösen Grundlagen allen menschlichen

Lebens und Zusammenlebens. So z. B. in Ph. Melanchthons Darstellung der Weltgeschichte im

„Chronicon Carionis" und z. B. in Vl. Solevjews, „Erzählung vom Antichristen", dem Widersacher der Königsherrschaft Christi.

Für den Schreiber des Danielbuches im 3. Jahrhundert v. Chr. deutet das „kleine Horn" auf die Erscheinung Antiochus IV. Epiphanes. Anmaßend und masslos hat er sich Macht, Ehre und Reich genommen, eine luziferische Gestalt, die Menschen, Volk, Religion unter seiner Gewaltherrschaft gleichschaltet. Den Juden verbot er den Sabbat, den Tempel, die Thora. Ein Mensch, dessen selbst gemachtes Bild, gottverloren und gottvergessen, irgendwie dem „Homo deus" (Yuval N. Harari) des transhumanistisch aufgeblasenen „Werden wie Gott" (Gen 3, 5) ähnelt. Trotzdem, auch er nur endlich, gebrechlich, erlösungsbedürftig, ein schuldverstrickter Mensch.

„Die Blase zu ihrer Zeit wird platzen", wie K. Barth einmal schrieb (im Brief an die Pfarrer in der DDR, 1958).

3. Liebe Gemeinde, Daniel, sein Name heißt „Gott ist Richter": Gott, erscheint, Gott ist da, Gott nimmt den Menschen ernst – auch in seiner Abkehr von Gottes gutem Willen für Frieden, Gerechtigkeit, Leben.

Daniel schaut mit der Epiphanie Gottes zum einen das Versinken der Weltmächte, auch des „kleinen Horns", zum andern – als d i e Zeitenwende – eine ganz andere, Neues schaffende Macht: „Siehe, es kam einer mit den Wolken des Himmels wie eines Menschen Sohn". Der Himmel, der Bereich der Möglichkeiten und Wirklichkeit Gottes, tut sich auf; von da kommt er, von Gott.

Im Neuen Testament wird der Name Menschensohn Jesus von Nazareth zugeschrieben und von Jesus angenommen:

Er, der von Gott Gekommene, der Bevollmächtigte, das Ebenbild des Vater, und Er, das Vorbild des nach dem Bild Gottes geschaffenen Menschen,

Erstgeborener der Menschheit, nach dessen Bild uns das neue Leben geschenkt wird.

Er, erniedrigt und erhöht.

In Daniels Nachtgesicht erklingt das Lob aus der Tiefe: „Ihm ist gegeben Macht, Ehre und Reich". Aus den Angeln hebt er den korrumpierenden „Willen zur Macht", das Eifern um Ehre, die Hybris weltlicher Gewalten, die ja auch in uns schlummern.

So anders ist sein Reich, „nicht von dieser Welt" (Joh 18, 36); so anders seine Macht, „die in der Schwachheit mächtig ist" (2 Kor 12, 9); so anders seine Ehre, die „am Kreuz geborene Liebe des Kreuzes", wie es in Luthers Heidelberger Disputation (These 28) heißt. Frieden und Gerechtigkeit bringt er, wie die Welt ihn nicht gibt (Joh 14, 27). Denn er ist gekommen, „um zu suchen und selig zu machen, was verloren ist" (Mt 18, 11) schon jetzt. So ist er da, gegenwärtig, auch heute, um sein Reich einst zu vollenden.

Und wir? Wir haben an seinem Amt, dem königlichen, Anteil als Gemeinde der gerechtfertigten Sünder in unserer verletzlichen, gebrochenen, noch nicht erlösten Welt: mit dem eben von uns gesungenen Lob „Jesus Christus ist der Herr, zur Ehre Gottes, des Vaters", mit der Bitte „erlöse uns von den Bösen" und mit dem Ruf „widersteht dem Bösen mit Gutem" für mehr Frieden und mehr Gerechtigkeit.

So ermächtigt er uns, zu unterscheiden zwischen der Königsherrschaft Christi und den sich in Schuld verstrickenden Herren und Gewalten dieser Welt, zwischen Gottes gutem Willen zum Leben und menschlicher Anmaßung und Maßlosigkeit. Denn „wir sollen Menschen sein und nicht Gott; das ist die summa" (M. Luther, Brief an Spalatin 1530, in: WABr 5, 415, 45).

Mit der Barmer Theologischen Erklärung von 1934 (These V) wird verworfen: wenn „der Staat über seinen besonderen Auftrag", nach dem Maße menschlicher Einsicht und Ausübung von Gewalt für Recht und

Frieden und – ich ergänze – für Freiheit zu sorgen, – es wird verworfen, wenn Regierung über ihren besonderen Auftrag „hinaus die einzige und totale Ordnung menschlichen Lebens" sein will.

Die Kirche „erkennt in Dank ... gegen Gott die Wohltat der guten staatlichen Ordnung an". Und sie „erinnert an Gottes Reich, an Gottes Gebot und Gerechtigkeit und damit an die Verantwortung der Regierenden und Regierten".

Die Gemeinde der Christen vertraut darum im richtigen Unterscheiden zwischen Evangelium und Gebot Gottes wie zwischen Leben förderndem Recht und vom Menschen korrumpierter Macht und pervertiertem Gesetz, - die Gemeinde der Christen vertraut „der Kraft des Wortes Gottes" zum Heil jetzt und in Ewigkeit. Denn „Gott sitzt im Regimente ...", wie P. Gerhard uns in „Befiehl du deine Wege ..." singen lässt (EG 361, 7). Das klingt wider in K. Barths Worten im letzten Telephonat mit dem Freund E. Thurneysen: „Es wird regiert, nicht nur in Moskau oder in Washington oder in Peking, aber ganz von oben, vom Himmel her. Gott sitzt in Regimente. Darum fürchte ich mich nicht. Bleiben wir zuversichtlich. ... Lassen wir die Hoffnung nicht sinken. ... Es wird regiert".

Darin wir stimmen ein mit den nächsten Lied: „Jesus Christus herrscht als König, alles ist ihm untertänig".

Der Friede Gottes, der höher ist als unsere Vernunft, der bewahre unsere Herzen und Sinne und unser Tun im Glauben an Jesus Christus, König und Herr. Amen.

5 Mose 8, 7 – 18 mit Matthias Claudius Erntedank wider die Gottvergessenheit

(2. 10. 2022) in der Peterskirche in Heidelberg

Kanzelgebet:

„Gott, lass dein Heil uns schauen,
auf nichts Vergängliches trauen,
nicht Eitelkeit uns freuen.
Lass uns einfältig werden
und vor dir hier auf Erden,
wie Kinder fromm und fröhlich sein" (EG 482, 5)

Erntedank mit Zeichen der Dankbarkeit hier am Altar, eine Augenweide, eine Gaumenfreude. Erntedank „alle Jahre wieder", ein Fest der christlichen Gemeinde, ein kulturelles Begehen wider das Vergessen, dass das, was wir zum Leben nötig haben, wir uns nicht selbst verdanken. Auch in dieser Zeit voller Bedrängnisse und Ängstigungen gilt das.

1. Danken und Dankbarkeit bestimmt den O-Ton des heutigen Gottesdienstes. - Übrigens habe ich, haben Sie heute schon jemandem ein Danke gesagt? - Der frühere Heidelberger Philosophieprofessor Dietrich Henrich unterscheidet in einer Studie "Gedanken zur Dankbarkeit" zwischen „kommunalem" und „kontemplativem" Dank: einerseits der „kommunale" Dank für eine Gabe als Anlass zum Danken aus Freude, die in Worten und Gesten Ausdruck findet: freudig und frei antwortender Dank für ein gegebenes Geschenk. Die Zeichen am Altar weisen darauf: „Früchte der Erde und der menschlichen Arbeit". Wir sangen mit Matthias Claudius „Es geht durch unsere Hände" – und ich ergänze durch unsren Verstand, Analysieren und Experimentieren, Berechnen und Planen, Konzipieren und Konstruieren, Forschen und Lehren und nicht zuletzt durch soziales Zusammenleben in unserm freiheitlich demokratischen

Rechtsstaat, der uns in Verantwortung nimmt.

Von all dem, von Wohlstand und Wohlfahrt, vom guten Leben redet der gehörte Predigttext.

Henrich spricht andererseits vom „kontemplativen" Dank; es ist der „Dank für das Dasein", „dass ich bin". Dieser zeigt sich als Dankbarkeit für das Nicht-Selbstverständliche auf meinem Lebensweg, öffnet sich zu kosmischer Weite und wird als Lebensgefühl des „Sich-Verdankens" gelebt in der Freude, dass „etwas ist und nicht nichts". Diesem „Dank für das Dasein" und für mein Sosein gibt Matthias Claudius im Gedicht „Täglich zu singen" schlichten Ausdruck:

„Ich danke Gott und freue mich
wie´s Kind zur Weihnachtsgabe,
dass ich bin, bin! Und dass ich dich
schön menschlich Antlitz habe".

Dankbarkeit – die Resonanz auf die Erfahrung von Wohl und Segen. Die gegenwärtige Krise aber scheint dagegen zu sein mit großer Sorge und viel Angst: Krankheitserleben persönlich oder von Nahestehenden, Sorge um die Zukunft der Enkel, Angst vor der Eskalation des russischen Angriffskrieges in der Ukraine, und dann die Klimaveränderung und die Inflation. All dies jedoch ist, wie wir wissen, von uns Menschen auch gemacht.

2. Liebe Gemeinde, Matthias Claudius erzählt dazu folgende Parabel:
„Es war eine Zeit, wo die Menschen sich mit dem, was die Natur brachte, behelfen mussten. Da kam ein Mann, … von ferne her und sprach zu ihnen: Es gibt eine bessere Kost für den Menschen und eine Kunst sie immer reichlich zu schaffen; und ich komme, euch das Geheimnis zu lehren. Und er lehrte sie das Geheimnis, und richtete einen Acker vor ihren Augen zu, und sagte: Seht, das müsst ihr tun! Und das übrige tun die Einflüsse des Himmels! Und die Saat

ging auf und wuchs und brachte Frucht. ...

In der Folge fanden einige von ihnen diese Kunst zu simpel, und sie mochten auch die Beschwerlichkeiten der freien Luft und Jahreszeiten nicht ertragen. Kommt, sprachen sie, lasst uns den Acker ... mit Wand und Mauer einfassen und ein Gewölbe darüber machen, und dann darunter ... mit aller Bequemlichkeit den Ackerbau treiben; die Einflüsse des Himmels werden so nötig nicht sein, und überdem sieht sie kein Mensch. Aber, sagten andere, der Mann ließ den Himmel offen, und sagte. „Das müsst ihr tun! Und das übrige tun die Einflüsse des Himmels!" Das tat er nur, antworteten sie, den Ackerbau in Gang zu bringen; auch kann man noch den Himmel an dem Gewölbe malen. Sie fassten darauf ihren Acker ... mit Wand und Mauer ein, machten ein Gewölbe darüber und malten den Himmel daran. - Und die Saat wollte nicht wachsen! Und sie ackerten hin und her.

Und viele von denen, die umherstanden und ihnen zusahen, spotteten über sie! Und am Ende auch über den Mann und sein Geheimnis" (M.Claudius, Ges. Werke I, Dresden, 558f).

Gerade heutzutage gibt diese volkstümliche Parabel kritisch zu bedenken, was wir zum Leben nötig haben und was wir uns nicht selbst verdanken. Es geht um das Unterscheiden, ohne zu trennen, von menschlichem Tun und Gottes Handeln, wie auch vom Gegenüber von Menschen selbstmächtig und gottvergessend produzierter Realität und der Wirklichkeit Gottes in unseren Tun, Denken und Forschen. Dafür steht symbolisch das Zepter unserer Universität: vier Figuren, die klassischen Fakultäten, knien um eine mittlere; das ist der erhöhte und gegenwärtige Christus.

Wir Menschen sind „nicht ganz dicht" und der „Himmel" lässt sich nicht zumauern und mit projizierten Wunschbildern bemalen, der „Himmel", Raum der Wirklichkeit und Möglichkeit Gottes.

3. Liebe Gemeinde, in diesem Sinn erinnert der Predigttext an Gott und seinen guten Willen zum Leben. Gott ist ein Freund des Lebens.

Angesichts all der Erfahrungen von Wohl in Ernte, technischen und kulturellen Produkten droht sich nun aber das „Herz" zu „überheben", heißt es da. „Hast du's nicht alles selbst vollendet, heilig, glühend Herz?" Meine Kräfte, meine Hände, mein Verstand, sich selbst genügend um sich selbst kreisend, Gott verdrängend und vergessend, damals wie heute.

„Wir aber sollen Menschen sein und nicht Gott, das ist die summa". Unsere 26aufgeklärte Gesellschaft kennt die modernen Baale: den Fußball-, Markt-, Wohlstands-, Erfolgsgott; - "Erfolg aber ist kein Name Gottes" (M. Buber), auch nicht Gesundheit „vor allem", nicht Staat und Politik, die es richten sollen und angerufen werden - eben all die ökonomischen und wissenschaftlichen Letztgeltungen. „Woran du dein Herz hängst, das ist eigentlich dein Gott". Und „wo euer Schatz ist, da ist auch euer Herz" (Mt 6, 21). Wir aber wollen Gott über alle Dinge fürchten, lieben und vertrauen. Und einen Gott haben, meint sich versehen alles Guten und Zuflucht haben in allen Ängsten und Sorgen. Denn „die Furcht Gottes ist aller Weisheit Anfang" (Ps 111, 10).

„Nichts ist gewaltiger als der Mensch", lässt Sophokles wohl im Antigonelied singen. Zugleich besingt das Lied die Grenzen des Menschen: verletzlich und zeitlich ist er; sein Tun, Denken und Entscheiden bruchstückhaft und vergänglich. Entsprechend wird heutzutage in den Öffentlichkeiten auch von Dilemmata-Situation gesprochen, die demütig stimmt, die um Schuldig-werden weiß und die Bitte um Vergebung aussprechen lässt, weil im persönlichen und auch im politischen Leben die Bitte um Vergebung Zukunft eröffnet.

Unser Predigttext ruft da: „Gedenke an den Herrn, deinen Gott" und seinen Willen;

„denn er ist's, der dir Kräfte gibt ..., auf dass er hält seinen Bund".

Mit und durch uns Menschen, mit, nicht ohne uns, erhält in Gemeinschaftstreue -

wie bei Noah und Abraham - Gott seine Schöpfung und die Menschen, selbst gegen Hochmut und „Überheben" des Herzens. Gott erneuert seinen Bund durch Jesus Christus zu Heil und Wohl für uns und für diese Welt „Es geht durch unsere Hände", Verstand, Kompetenz, Entscheidung, „kommt aber her von Gott" als Segen in segensbedürftiger Zeit.

Auch in diesen Tagen der Angst und Sorge ist darum das Staunen über und Danken für Segen nicht verloren, wie J. S.Bach in schwren Zeiten in der Kantate zum „Erntedank" „Es wartet alles auf dich, dass Du ihnen Speise gibst" die Arie danken lässt:
„Du Herr, du krönst allein das Jahr mit deinem Gut,
es träufelt Fett und Segen
auf deines Fußes Wegen,
und deine Gnade ist´s, die alles Gute tut".

Gesegnet wird Segen weitergegeben im dankenden Segnen Gottes und im dankenden Segnen der nahen und fernen Nächsten. Gebt, wie euch gegeben ist. Und „einen fröhliche Geber hat Gott lieb", heißt es in der gehörten Schriftlesung (2 Kor 9, 11, 7). Das „Brot des Lebens" wird zum „Brot zum Leben" und zu „Brot für die Welt".
Amen.

Mk 12, 1 – 12: „irritierend"

Gottesdienst an Reminiscere (5. 3. 2023) in der Peterskirche in Heidelberg

„Gedenke, Herr, an deine Barmherzigkeit und an deine Güte, die von Ewigkeit her gewesen ist" (Ps 25, 6)
Wochenspruch: „Gott erweist seine Liebe zu uns darin, dass Christus für uns gestorben ist, als wir noch Sünder waren" (Röm 5, 8)
Schriftlesung: Jes 5, 1 - 7

1. Ein sperriges Gleichnis predigt Jesus hier auf seinem Weg nach Jerusalem, ein Gleichnis befremdender Härte, die warnende, auch drohende Erzählung von den „bösen Weingärtnern".
Die Erzählung will uns beten lassen. „Gedenke, reminiscere, Herr, an deine Barmherzigkeit und an deine Güte, die von Ewigkeit her gewesen ist" (Ps 25, 6)):
Ein Weinbauer – wie im gehörten „Weinberglied" des Propheten Jesaja (Jes 5, 1 – 7) – hat einen Weinberg angelegt mit Zaun, Kelter, Turm und an Weingärtner verpachtet. Nun ist Zeit der Lese. Der Weinbergbesitzer in der Ferne will von der Ernte seinen rechtlichen Anteil abrufen. Er schickt einen Boten, um den ihm zustehenden Ertrag abzuholen. Aber die Weingärtner, verschließen sich, verprügeln ihn und weisen ihn mit leeren Händen ab. Einen zweiten Abgesandten schlagen die Weingärtner rabiat das Gesicht blutig und verhöhnen ihn. Und ein drittes Mal sendet der Eigentümer des Weinbergs einen Mitarbeiter. Den töten die Weingärtner. Die Situation eskaliert zu wenig nachvollziehbarer Verhärtung und Sturheit. Und nicht nur die Grenze menschlicher Vorstellung sondern auch realistischer Erzählung überschreitend, sendet der Weinbergbesitzer schließlich sogar seinen „geliebten Sohn". Ist es zähe Langmut, ist es unermütliche Geduld oder noch mehr ?

„Sie werden sich vor meinem Sohn scheuen", meint der Vater. Doch weit gefehlt. Kaltherzig und böse ermorden die Weingärtner den „geliebten Sohn"; sie beseitigen ihn; in entwürdigender Weise werfen sie ihn vor die Mauer, unbestattet, den Tieren zum Fraß. Das ganze Geschehen wird zu einer schrecklichen Geschichte voller Leid und Unrecht.

Das versteinerte Herz der Weingärtner dabei denkt noch anders: „Dies ist der Erbe". Wenn sie ihn umbringen, meinen die Pächter, so fällt der Weinberg ihnen zu. Ist der Sohn tot, so können sie selbst das Erbe antreten. Dahinter steht der alte Rechtssatz, nach dem ein Nachlass, für den es keinen rechtmäßigen Erben gibt, dem zufällt, der dazu bereit steht. Wer dazu bereit ist und zugreift, bekommt das Erbe, wird Eigentümer. Unabhängig, ohne den Weinbauer, ja, autonom, würden sie verfügen über alles, über Grund und Ertrag, über alles. Gott lassen sie ohnehin vergessen; seinen Willen verdrängen sie.
Das Ende des Gleichniserzählung entspricht dann einfach menschlicher Logik.

Liebe Gemeinde, in der Geschichte Israels erinnerten die Propheten immer wieder an Gott, mahnten zum Auf-Hören auf seinen Willen, warnend und drohend. Ebenso ergeht der Ruf in der Geschichte der Kirche. Aber auch Schriftsteller und Denker weisen in der Neuzeit darauf hin Schriftsteller wie Jean Pauls Siebenkäs von Christi Rede „vom Weltgebäude herab, dass kein Gott sei" oder gegenwärtig Martin Walser und Hartmut Rosa, sowie viele unter uns Großeltern, Väter und Mütter, Kollegen und Pfarrerinnen wie du und ich.
„Gedenke, Herr, an deine Barmherzigkeit" gerade für die, die Dich und deinen guten Willen zum Leben jetzt und darüber hinaus offen verkündigen, dadurch auch Ablehnung, Schwierigkeiten, ja, Leid und Verfolgung um Christi willen erleben in Teilen der Welt heute.

2. Jesus berichtet vom Leben im Weingebiet dort in der Nähe des galiläischen Sees Genezareth am oberen Jordangraben. Uns an der Badischen, Pfälzischen und Bergsträsser Weinstraße hier in Heidelberg nimmt er in die Erzählung hinein.

In diesem sperrigen Gleichnis geht es um das gestörte Verhältnis zwischen Gott und Mensch und um noch mehr: alles wollen die bösen Weingärtner, den ganzen Weinberg in feindlicher Übernahme als einzige Eigentümer, als Weinbergbesitzer, die allein und selbst bearbeiten, lesen, keltern und vermarkten. Die Frage, was haben wir noch nicht, was wird uns noch mehr nützen, beherrscht sie. Verdrängt aus ihrem Herzen und vergessen haben sie, wer sie sind, Pächter des Weinbergbesitzers. Verdrängt aus ihrem Herzen und vergessen machen wollen sie den Weinbergbesitzer, der den Weinberg angelegt hat. Irgendwie wollen sie ohne Gott sein, beziehungslos in und um sich kreisend, verschlossen in ihrem Herzen sogar für die Frage, was fehlt, wenn Gott fehlt.

Kaum nachvollziehbar, in Geduld, Langmut, Treue, von der die biblischen Zeugnisse immer wieder berichten, öffnet sich das Herz des Vater; er sendet seinen „geliebten Sohn". Die Geschichte seiner Geduld wird zur Geschichte des Leidens. Gott schickt den Sohn zu denen, die ihn vergessen machen wollen, die ihn beseitigen wollen, wie es der „tolle Mensch" in F. Nietzsches „fröhlicher Wissenschaft" proklamiert.
Selbst für sie erwärmt Gott sein Herz. Gott kennt die Leiden schaffende Liebe leidenschaftlicher Liebe auch zu denen, die ihn ablehnen, die ihn vergessen machen, eben zu Sündern, nicht zur Sünde.

3. Und Jesus?, Jesus selbst, als er das Gleichnis erzählt auf dem Weg nach Jerusalem? Irritierend verhält sich Jesus. Eine Unterbrechung, ein Perspektivwechsel.

Jesus stimmt an einen Dankpsalm. Als völlig unwahrscheinlich lässt er mit ihm uns auf-hören. Aber auch wir haben ihn eben gebetet.

Jesus stimmt ein Danklied an, das eine neue Sicht, total Neues eröffnet. Jesus betet:

„Danket dem Herrn, denn er ist freundlich und seine Güte währet ewiglich. ...

Die Rechte des Herrn behält den Sieg.

Ich werde nicht sterben, sondern leben.

'Der Stein, den die Bauleute verworfen haben, ist zum Eckstein geworden.

Das ist ein Wunder vor unseren Augen.

Danket dem Herrn" (Ps 118).

Was die Bauarbeiter als Schutt entsorgten, für unbrauchbar erklärten, wird gebraucht. Von unersetzbarer, einziger Bedeutung für das Gebäude wird dieser Stein: der Eck- und Grundstein, der den ganzen Bau tragende und zusammenhaltende Schlussstein.

„Ein Wunder vor unseren Augen", dankt der Psalm, mit dem Jesus sich identifiziert und identifiziert wird.

Das Wunder der barmherzigen Liebe wird offenbar, der Vater verbunden mit und in der leidenschaftlichen Liebe des Sohnes: Gottes schöpferische Liebe. Indem sie den von Menschen Verworfenen annimmt, nimmt sie auch die an, für die dieser Verworfene sich hat verwerfen lassen.

Denn Gottes Barmherzigkeit hat noch kein Ende weder für sein Volk Israel noch für seinen Weinberg mit guten und bösen Weingärtnern.

Gott wendet sich nicht von Israel ab; Israel ist sein in Abraham bleibend erwähltes Volk. Und im

„geliebten Sohn" weitet er sein Barmherzigkeit aus auf alle in Abraham gesegneten Völker. Jesus predigt allen, sein Anruf an alle, die sich anrufen lassen zum Auf-hören in einer Gott vergessen lassenden Zeit, wo die Frage, was fehlt, wenn Gott fehlt, verdrängt zu werden droht. „Wir aber sollen Menschen sein und nicht Gott; das ist die summa" (M. Luther). „Wir sollen Gott über alle Dinge fürchten, lieben und vertrauen", wo man sich vor Dingen der Welt oft viel mehr fürchtet.

Jesus predigt das Reich Gottes. Und Jesus Christus wird verkündigt als der Stein, den die Bauleute verworfen haben, der zum Eckstein wurde. Gott macht an Karfreitag nicht Schluss. Darum ereignet sich Evangelium heute; es lässt auf-hören, es findet Resonanz, es verändert und schafft Neues, wirkt Vergebung und Heil.

Im Dank verkündet Jesus hörenden Herzen Gottes Gegenwart, seine Nähe, die näher ist als wir uns selbst sind. Er verheißt allen Gottes immer noch größere Liebe und Barmherzigkeit, über die keine größere gedacht werden kann; töricht ist sie den verschlossenen Herzen. Aber der Liebe Recht ist sie den hörenden Herzen, die Recht und Gerechtigkeit wollen, erstreiten und sichtbar machen.

Liebe Gemeinde, Jesu Gleichnis auf dem Weg nach Jerusalem lässt uns auf-hören. Als Evangelium von Gottes leidenschaftlicher Liebe geschieht Unwahrscheinliches, Neues keimt, wächst und bringt Früchte. Pächter in der Schöpfung Gottes sind wir, auch Weingärtner im „Weinberg des Herrn",

„gute Weingärtner" mit unseren Gaben und Fähigkeiten. Hörende Herzen haben diese und bringen ein zum Bauen und Pflegen des „Weinbergs des Herrn" - zur Ehre Gottes.

Denn da gilt die Verheißung: Gottes Barmherzigkeit hat sich schon in Bewegung gesetzt, um als Kraft in der Schwachheit das Reich Christi zu bauen, seine Kirche zu erhalten und die Welt zu mehr Frieden, Recht und Gerechtigkeit zu führen.

So auch die Zusage des Wochenspruchs dieser Passionswoche „Reminiscere": „Gott erweist seine Liebe zu uns darin, dass Christus für uns gestorben ist, als wir noch Sünder waren" (Röm 5, 8).

„"Gedenke, Herr, an deine Barmherzigkeit".

Im Abendmahl lässt Gott in Christus uns seine Liebe als Geber und Gabe heute erfahren.

Der Friede Gottes, der höher ist als unsere Vernunft, der bewahre eure Herzen und Sinne und euer Tun in Glauben an unseren gekreuzigten und auferstandenen Bruder und Herrn. Amen.

Mt 27, 33 – 54 : „...reiß mich aus den Ängsten kraft deiner Angst und Pein"

Karfreitag (29. 3. 2024) in der Peterskirche in Heidelberg

1. Ein ästhetischer Genuss ist ihm die Bachsche Matthäus-Passion. Ergriffen, zu Tränen gerührt lauscht er dem Rezitativ vom Todesschrei „Jesus schrie abermals laut und verschied" mit dem einfühlsamen Choral „Wenn mir am allerbängsten wird um das Herze sein, so reiss mich aus den Ängsten kraft deiner Angst und Pein". „Aber er kann es nicht glauben", so des Philosophen Herbert Schnädelbachs „frommer Atheist". Die Melodien, die Wörter resonieren nicht als „Predigt in Tönen" in einem hörenden Herzen. Ein dichter Vorhang verschluckt sie förmlich. Kein Zugang zur Stimme hinter dem Vorhang, kein Anschluss zum Wort in den Wörtern, zum O-Ton in den Klängen.

2. Diesseits des Vorhangs berichtet Matthäus die Passion Jesu bis zum Tod am Kreuz; anders als Sokrates wird Jesus auf brutale Weise zu Tode gebracht: nach der qualvollen Folterung, perfiden Demütigung und entwürdigenden Verhöhnung folgen die Schmerzen der Kreuzigung auf Golgatha. Auch hier durch die römische Soldateska noch der Spott – wohl auch über das jüdische Volk – über den Gekreuzigten mit der Inschrift „Jesus, der Juden König". Dann die Lästerungen, wie der versucherische Teufel damals in der Wüste, nun durch die in ihren politischen Hoffnungen enttäuschten Passanten „Hilf dir selbst, wenn du Gottes Sohn bist". Schließlich die verächtliche Schmähung der Geistlichkeit und der Meinungsträger: Hochstabler, nun am Kreuz, ein hilfloser Retter - steig herab, dann „wollen wir glauben dem Sohn Gottes, der ihn jetzt erlösen möge".

Alle, auch die mitgekreuzigten Verbrecher, sehen bei ihrem Spott nur den Augenschein, was da vor Augen ist: den von Schmerz und Schmach Gequälte, preisgegeben, allein unter Schuften. „Ecce homo", der Geschundene und doch der Erste ganz für andere.

3. Da kommt um die 6. Stunde die schwarze Finsternis, dunkle Nacht über Golgatha und die ganze Welt. In ihre Schatten schließt sie ein die Abgründe der Sünde mit ihren Leben zerstörenden und Zukunft verschließenden Folgen, das zum Himmel schreiende Übel: die Selbstgerechtigkeit, die Gott und das Reich Gottes in guten Tagen vergessen lässt in einem Land, fern von Gott und seinem Willen durch die Eigensucht, die andere zum Objekt macht, benutzt und vernutzt, durch die Gier nach mehr mit den akzeptierten Kollateralschäden, durch die Widersprüche von Wollen und Vollbringen mit ihren viktimisierten Opfern, durch die Vermischung von Moral und Macht mit Schuldübertragung und dargebrachten Sündenböcken.

Finsternis braut sich gewaltsam zusammen in der „Nacht, da Jesus verraten ward". Und Jesus ist da, hier. Fürwahr, er am Kreuz nimmt Teil an Schuld und Übel dieser Welt, er erträgt und trägt mit das Gericht. Das Gericht ist unser, von Jesus uns abgenommen und getragen.

Da bricht heraus die Gewalt der Sünde und des Bösen dieser Welt im Schrei Jesu. Er ruft – es ist die 9. Stunde – weit hinaus die Klage: „ Eli, Eli, lama asabtani. Mein Gott, mein Gott, warum hast du mich verlassen".

In diesen Kreuzesschrei aus letzter Einsamkeit nimmt er hinein alle Klagen und Bitten, alles Leid der von Sünde, Schuld und ihren Leben zerstörenden Folgen gequälten Menschheit. All unsre Not hat er getragen.

Jesus stirbt bewusst (Mt 16, 21).

Es ist die 9. Stunde der Passahfeier am Versöhnungstag, als Jesus am Kreuz betet: „Mein Gott, mein Gott, warum …?".

„Warum?" - oft auch unsere Anklage oder unser Pfeilgebet.

„Mein Gott" - Jesu Klage ist ein gottverbundener Schrei.

Wer betet „Mein Gott", ist nicht völlig von Gott verlassen. Und auch der heilige Geist tritt ein „mit unaussprechlichem Seufzen" (Röm 8, 26), als Jesus dem Vater die Klage aus der Tiefe vorhält, die dann mit dem 22. Psalm weiter betet: „Aber du, Herr, sei nicht ferne; meine Stärke, eile, mir zu helfen" (Ps 22, 20). Letzte Zuversicht nähert sich von Gott dem Vater.

Zuversicht öffnet sich auch uns, wenn wir mitbeten: „Wenn mir am allerbängsten wird um das Herze sein, so reiß mich aus den Ängsten kraft deiner Angst und Pein".

4. Auf Jesu dennoch bleibende Verbundenheit mit Gott weisen auch die doppeldeutigen Schmäh- und Spottreden über den Gekreuzigten. Der Glaubende sieht hinter den Augenschein, hört das Wort in den Wörtern. Die römischen Soldaten – zwischen Apathie und Gehorsam - etwa deuten auf der Tafel über dem Gekreuzigten mit dem Namen „Jesus" – er bedeutet „Gott rettet" – voraus auf die anbrechende Königsherrschaft Christi. Die empörten Passanten – zwischen Enttäuschung und Sehnsucht - weisen unbewusst auf „Gottes Sohn", den befreienden „Erlöser" von de versucherischen Macht des Bösen. Und die Meinungsführer - zwischen Angst und Hochmut - erklärt indirekt, dass dem, der jetzt hilflos am Kreuz hängt, zu glauben wäre, wenn Gott sich zu ihm als Sohn Gottes bekennen würde, weil er der Retter – im Griechischen „sozein" – „Soter" ist. Gegen ihre Absicht, töricht, dennoch klug, irgendwie paradox und so verheißungsvoll proklamieren sie alle den Erniedrigten als von Gott Erhöhten, den Knecht als König und Herrn (Phil 2, 11). Gegen ihren Willen bezeugen sie unbewusst, vielleicht ahnend, im Gekreuzigten den Sohn Gottes, der - verborgen unter dem Gegenteil - in verletzlicher Liebe auch für sie als „Retter" und „Erlöser" da ist.

5. Im Kreuzesschrei Jesu klingt alles Leid der Welt mit und klagt die Menschen als Verursacher der Tod bringenden, Zukunft verschließenden Kräfte der Sünde und des Bösen an.

„Jesus schrie abermals laut und verschied".

Zeitgleich zerreißt der Vorhang des Tempels von oben bis unten, zerreißt der „Schleier des Nichts", die Mauer des Todes..

Das Licht hinter dem geöffneten Vorhang scheint in die Finsternis. Licht - das ist Leben, Leben, das Zukunft neu eröffnet, unverborgen. Die Erde bebt, Felsen zerspringen, Totes wird lebendig. Die geschundene, seufzende Natur hat Anteil daran, universal.

Wende der Zeit. Nichts kann mehr scheiden von Gott.

Nicht nur das missachtete Recht und Gebot Gottes wird am Stamm des Kreuzes wieder hergestellt; vielmehr stellvertretend durch Jesu sich selbst zurücknehmende Hingabe um der Liebe willen zu Sündern und schuldig Gewordenen tut sich die neue Wirklichkeit auf von Gott für die Zukunft der Welt.

Nicht mehr zu Unrecht Verurteilte, hingenommene Viktims und zivile Kollateralschäden, nicht mehr die Darbringung von Schuldopfern und Sündenböcken sind bestimmend. Der Vorhang ist zerrissen einmal und einfürallemal für Menschen und Natur. Gott ist es, der mit der Königsherrschaft Christi eine neue Welt will. Denn – wie der Apostel Paulus dann verkündet –„Gott erweist seine Liebe zu uns darin, dass Christus für uns gestorben ist, als wir noch Sünder waren" (Röm 5, 6). Gott war – wie die gehörte Schriftlesung verheißt – „Gott war in Christus und versöhnte die Welt mit sich …; er hat aufgerichtet das Wort von der Versöhnung unter uns" (2 Kor 5, 19) in der 9. Stunde des Versöhnungstages. Versöhnung durch Gottes Gnade, durch seine Liebe in Jesu Christi Kreuz zum Heil „für uns". Das bedeutet in der Gemeinschaft mit Gott aus der Vergebung leben jeden Tag neu.

6. Der römische Hauptmann mit den Wächtern deutet unter dem Kreuz irgendwie schon die Osterbotschaft an. Nach dem Spottschild „ Jesus. König der Juden" erklärt er nach Jesu Kreuzestod nun aufgrund des Umbruchs in der Natur: „Dieser Mensch ist Gottes Sohn gewesen".

Er bestätigt das empörte Ahnen der vorbeigehenden Passanten und den ungläubigen Diskurs der Geistlichkeit und der Meinungsführer über Jesus und verkündigt schon vorausnehmend Jesus, den Christus.

Wir am heutigen Karfreitag, denen das Ereignis von Ostern schon bezeugt ist, feiern das Mahl der Versöhnung im Gedenken an die „Nacht, da er verraten wurde".

Unsere Finsternis mit den Tod bringenden Verstrickungen in die Macht der Sünde und all die Seufzer der verletzten Schöpfung werden „im Tausch" vom Gekreuzigten getragen; seine Zukunft eröffnende Versöhnungstat aber wird uns, mir zueigen. Denn „also hat Gott die Welt geliebt ..." (Joh 3, 16). Und wer könnte sagen, dass er oder sie dieser Liebe Gottes nicht bedürfte ?

Gerade dem angefochten Bittende: „Ich glaube, Herr, hilf meinem Unglauben" (Mt 9, 24), und auch dem zweifelnd Suchende: „Ich möchte, aber ich kann es nicht glauben", ist verheißen: „wenn mir am allerbängsten wird um das Herze sein, so reiß mich aus den Ängsten kraft deinen Angst und Pein".

Gottes versöhnende Liebe im Kreuz Jesu Christi wird „für uns" zur Vergebung, zu neuem Leben jetzt auf unserem Weg dahin, „wo Gott ist alles in allem".

Und Gottes Versöhnung mit uns und der Welt hat Folgen für uns und durch uns. Gott ist es, der eine neue Welt will.

7. Kommt, ihr seid geladen zu Jesu Passah- und Abendmahl.

Und der Friede Gottes, der höher ist als unsere Vernunft, der bewahre euch im Glauben an unseren gekreuzigten und auferstandenen Bruder und Herr. Amen.

Röm 3, 21 - 28 (31): „Amazing grace" und „materialisierte Gnade"

Reformationstag 2024

Lied: EG 342, 1, 6 - 8

Des Apostel Paulus Vermächtnis sind die gehörten Worte, die er an die Gemeinde in Rom schrieb. Vom Kern der reformatorischen Glaubens sprechen sie.
Als ich sie meditierte für die Predigt am Reformationstag 2024, kamen mir zwei Erinnerungen:

1. Es war bei einem Geburtstagsbesuch: die verwitwete Frau war auch heute allein. Sie erzählte mir aus ihrem Leben; im Hintergrund spielte weiter das Radio. Vieles war anders gekommen auf ihrem Lebensweg. Worte wie „hätte", „wäre", „wenn ... dann" häuften sich. Unzufrieden, düster, haderte sie. Da klang plötzlich aus den Radio das Lied „Amazing grace" von John Newton. Wir horchten, schwiegen, lauschten. Dann sprachen wir über das Leben des Dichters: als Kapitän eines Sklavenschiffes widerfuhr ihm am 10. 5. 1748 der vielen Tod bringende Schiffbruch. Er, in der Not, schrie zu Gott. Er wurde gerettet. Zur Lebenswende und Führung Gottes wurde ihm dies. Theologie studierte er, wurde Geistlicher mit der Gabe eines Dichters. Zugleich war er Vorkämpfer gegen die Sklaverei.
Als ich nun den Text „Amazing grace" zitierte:
„Unglaubliche Gnade, wie süß ist dein Klang,
die einen Sünder wie mich errettete.
Ich war einst verloren, aber nun bin ich gefunden,
war blind, aber nun sehe ich.

Es war Gnade …",

erhellte ich das Gesicht der Frau. „Das tut gut", sagte sie nur mit einem Lächeln und dankte für den Besuch.

Und weiter erinnerte ich mich:

Vor einigen Jahren besuchte mich ein Pfarrerkollege; er war für das Kontaktstudium in Heidelberg, eine Aus- und Freizeit, freigestellt. Hochgemut, fast begeistert erzählte er von den teilgenommenen

Seminaren und den auch nichttheologischen Vorlesungen, von der Zeit zum Lesen und zu Gesprächen mit anderen Studierenden über Gott und die Welt. „Materialisierte Gnade" ist es, stellte er fest. Von diesem Satz inspiriert, schlugen wir nach bei M. Luther. Wir lasen, was der Reformator später über seine Entdeckung der Gerechtigkeit Gottes aus Gnade allein durch den Glauben schrieb:

„ Tag und Nacht dachte ich unablässig darüber nach, bis Gott sich meiner erbarmte. Da fing ich an, die Gerechtigkeit Gottes als die Gerechtigkeit zu verstehen, durch die der Gerechte als durch Gottes Geschenk lebt, nämlich aus dem Glauben. Da fühlte ich, dass ich geradezu neugeboren und durch die geöffnete Pforte in das Paradies selbst eingetreten war" (WA 54, 135). Mein Kollege ergänzte persönlich hinzu: „In das Paradies ist wohl zu vollmundig. Aber als Geschenk erfahre ich das Kontaktstudium, als Gabe Gottes"

2. Im Erinnern an diese Begegnungen horchte ich auf die Botschaft des Apostel Paulus und wandte mich der Predigt zu. Dabei fragte ich mich: Muß der vorgeschlagene Predigttext Röm 3, 21 – 28 , auch nach der Intention von Paulus, nicht ausgeweitet werden bis V. 31. So hörten wir ihn. Gerade im 25. Jahr der „Gemeinsamen Erklärung zur Rechtfertigungslehre" zwischen der evangelischen, römisch-katholischen, methodistischen und anglikanischen Kirche

sowie der baptistischen Gemeinschaft sind doch auch die jüdischen Gläubigen in Paulus Botschaft einbezogen. Denn auch wir Christen sind doch hineingenommen in die Verheißung des gnädigen Gottes an Abraham, dem Vater des Glaubens! Paulus schreibt: Alle, Juden und Christen, sind beschenkt von Gott mit dem, was nur er zu geben und zu tun vermag.

3. Paulus verkündigt hier die Gerechtigkeit als unsere Rechtfertigung aus dem Geschenk der Gnade allein durch den Glauben – so das Evangelium als „Kraft Gottes" (Röm 1, 16f). Paulus Predigt nimmt uns hinein in die Beziehungsgeschichte Gottes mit uns Menschen: in Gottes Gerechtigkeit schenkendes Recht der Gnade für die Welt, in Gottes neuschaffendes Recht der Liebe für uns Menschen. Den Quellgrund des Lebens der Glaubenden verkündigt er der Gemeinde in Röm. Mögen die Sätze des Apostels etwas sperrig, nicht leicht verständlich klingen – schon der 2. Petrusbrief äußerte sich humorvoll zu Paulus Schreibstil (2 Petr 3, 16) – die Sache, um die es hier geht, ist klar, wenn auch nicht selbstverständlich; sie ist widerständisch.

4. Paulus nimmt darum zu unserer Hilfe den Zugang bei uns umtreibenden existentiellen Fragen: Wie finde ich Wertschätzung? Wo unbedingte Anerkennung? Bei wem letztgültige Annahme, bei all meinen Versagen und Schuldigbleiben? Es geht um das, was mich unbedingt angeht, was Sinn macht im Leben und im Sterben, wem ich letztes Vertrauen gebe. Für Paulus geht es um die Beziehung zu Gott und Gottes zu uns. Doch das erscheint dem normalen Realitätssinn und der geltenden Vernunft fremd und unwirklich. Darum knüpft Paulus zentral bei unseren im Alltäglichen geltenden Erfahrungen an: selbst alles machen zu müssen und machen zu wollen. Das Tun und Werken der Menschen ist es, mit dem wir uns und unser Leben rechtfertigen und uns anderen gerecht machen. Nicht wenige optimieren sich und ihr Tun, um ihren Wert zu steigern; man möchte imponieren und sich in

einem guten Licht darstellen. Häufig sind Droge, Schönheitsoperation, Zahl der follower in sozialen Medien die Mittel. Die Wünsche und Bemühungen nach Rechtfertigung sind ungebrochen.

Dazu kommt im privaten und gesellschaftlichen Leben ein alles bestimmender Deal zwischen Interessen und Gütern: ich gebe, wie du gibst und du gibst, damit ich gebe, die ausgleichende Gerechtigkeit.

5. Aus den Angeln hebt Paulus das, was uns realistisch erscheint. Über Kreuz liegt er mit den selbstverständlichen Lebenserfahrungen. Das Evangelium als Kraft Gottes ist es, das verkündigt die Gerechtigkeit Gottes in Jesus Christus, aus Gnade, allein durch den Glauben. Kennzeichen sind drei Wort: Gnade, Glaube, Erlösung.

Paulus bezeugt das Gesetz der Gnade, nicht das Gesetz der Werke: Immer schon sind wir beschenkt, wie durch unserer Geborenwerden, wo wir nichts dazutaten, so in unserm begrenzten Leben immer wieder, in kleineren und größeren Geschehnissen, die uns scheinbar zufielen. Der Volksmund sagt: Junge Menschen fragen, was ist Gnade, ältere: was ist nicht Gnade.

Gott ist es, der uns und unserer Welt gut ist. Gottes Liebe, ein „Backofen voller Liebe", wie M. Luther im Bild sagt, gilt uns. Und wer könnte sagen, dass er oder sie dieser Liebe nicht bedarf? Unser Lebensgrund in und aus Gott wird offenbar mit der Gestalt Jesu Christi; in ihm zeigt sich Gottes Liebe und in ihm begegnet mir Gott als Liebender. Gnädig und barmherzig ist Gott; er schenkt Gnade – auch denen, die Gott vergessen und sich ihm und seinem guten Willen verschließen. Und durch Gottes Gerechtigkeit der Gnade und Liebe in Jesus Christus sind wir immer schon liebenswert und wertgeschätzt. Gottes Ja, seine Anerkennung ist uns zugesagt so, wie wir in Jesus Christus schon erkannt und anerkannt sind. Angenommen – vor Menschen unannehmbar, aber durch Christi Tat für uns angenommen – sind wir geliebt, weil von Gott in Jesus

Christus geliebt, vor Gott angesehen, weil in Jesus Christus ersehen und gesehen. Das meint Paulus, wenn er vom Geschenk der Gnade Gottes für uns spricht, von der unverfügbaren Liebe Gottes als Lebenselexier für alles Leben und Zusammenleben. Ein anderes, ein neues Wirklichkeitsverständnis eröffnet das Evangelium von der Gerechtigkeit Gottes aus Gnade.

6. Wir erfahren das Geschenk der Gnade im Glauben und durch den Glauben; so verkündet Paulus weiter. Glaube, dieses Grund legende, Leben bestimmende Vertrauen auf den, der uns gut ist, wie er in Jesus Christus gezeigt hat, Glaube ist Leben und erschließt Leben. Glauben und Leben gehören zusammen. Die Beziehung zu Gott und Gottes zu uns erweist sich im Leben. Eine Lebensweise ist sie, manche sagen eine Haltung: als von Gott in Christus Geliebte, wird Liebe frei gelebt im Fürsein für die, die nicht wertgeschätzt, nicht anerkannt, nicht angenommen sind, für die Notleidenden und Verlierer im gnadenlos selbstrechtfertigenden Machen und Werken.

Glaube wird verantwortlich gelebt nach dem guten Willen Gottes zum Leben - gegen die bösen Kräfte, wodurch Menschen Leben zerstören und sich selbst Zukunft verbauen. Heute erleben wir – nicht als Technikbeschimpfung sei es gesagt - , dass maßloses Machen der Menschen gegen die Mitschöpfung werkt; Umweltkrise und Wetterkatastrophen sind die Folge. Und so werden, wie überhaupt bei jedem Schaden und Unglück, Schuldige gesucht und Sündenböcke gemacht im Zwang zur Verurteilung des anderen.

Paulus verkündet da: durch den Glauben allein, den in Liebe und Verantwortung gelebten Glauben, erfahren wir die rechtfertigende Gnade Gottes; und in Freude und Dank werden wir als Gesegnete Segen für andere. Selbstrechtfertigende Werke und dargebrachte Sündenböcke wirken vor Gott nichts. Dem Glaubenden ist verheißen die befreiende Bedeutung durch ein

Schuldbekenntnis und die Zukunft eröffnende Kraft der Vergebung. Der Glaube lebt mit der Taufe aus der Bejahung dessen, was Gottes Liebe und Gnade in Jesus Christus für uns getan hat.

So schafft Vergeben neu Zukunft in zerrütteten Ehen, neu Vertrauen zwischen Kirchen etwa durch das „Stuttgarter Schuldbekenntnis" (10. 5. 1945), neu Verständigung und Wertschätzung durch die Bitte um Vergebung etwa unseres Bundespräsidenten beim Gedenken an den „Warschauer Aufstand" am 31. 8. dieses Jahres.

7. Gerechtigkeit Gottes aus Gnade durch den in Liebe und Verantwortung gelebten Glauben gründet und setzt sich durch in der „Erlösung, die durch Jesus Christus geschehen ist" . Paulus kann auch von der Versöhnung in Jesus Christus schreiben (2 Kor 5, 19 – 21), Versöhnung durch Gottes Gnade in Jesus Christus, die auch Versöhnung zwischen Menschen und Völkern einschließt.

Die Erlösung durch Gottes Gnade in Jesus Christus ist es, die Zukunft eröffnet und schafft, verheißt Paulus der Gemeinde. Denn die Erlösung in Christi Kreuz und Auferstehung schafft Befreiung von dem ehernen Gesetzt der Sünde und des Todes; sie macht uns frei von der „Angst der Welt", eben vor dem, was möglicherweise kommt und uns Zukunft verschließend nicht mehr loslässt. Erlösung schenkt Zuversicht und Hoffnung: „vorletzte" Hoffnungen für verantwortliches Tun in der Liebe zum Nächsten und zur Mitschöpfung, „letzte" Hoffnung für das, was Gottes Gnade in Jesus Christus für uns und für diese Welt vollenden wird.

Ja, Gott schenkt sich in Jesus Christus; in ihm sind wir vor Gott liebenswert und wertgeschätzt durch den Glauben, der in der Liebe tätig und von freudiger Hoffnung getragen ist.

Das wird uns am Reformationstag 2024 mit Paulus Vermächtnis von der

Gerechtigkeit Gottes aus Gnade verheißen und zugesagt. Durch das Lied „Amazing grace" erlebte das irgendwie die von mir an ihrem Geburtstag besuchte Frau, in anderer Weise mein Pfarrerkollege, der sein Kontaktstudium als „materialisierte Gnade" erfuhr, und noch anders gewiss ein jeder von uns – im Hören auf das Wort Gottes, das sich als Lebewort erweist..

Mir persönlich ist mit Paulus Vermächtnis wieder neu wichtig geworden diese frohe Botschaft von der Rechtfertigung in Jesus Christus aus Gnade allein durch den Glauben, der neu ins Leben führt an jedem geschenkten Tag und darüber hinaus.

Und die Gnade Gottes, der höher ist als alle Vernunft, bewahre uns an jedem neuen Tag, den Gott uns schenkt. Amen

Lied: EG 666, 1 - 3

16, 5 – 11: „Freude in der Gemeinschaft mit Gott"

Predigt am 15. 9. 2024 in der Heidelberger Peterskirche

Ein Psalm, David zugeschrieben, jubelt und preist Gott. Ein „gülden Kleinod" lautet die Überschrift in der Lutherbibel, in der Basisbibel „Gott ist mein Glück". Die „Freude in der Gemeinschaft mit Gott" wird besungen und gepriesen.

Wir hören und lassen in uns klingen Ps 16, 1, 2, 5 – 11:

„Du bist mein Gott", bekennt der Psalmist und preist die Freude in der Gemeinschaft mit Gott. Ein Protest ist es gegen die Kräfte des Todes mit seinen Todmachern, seinen kleinen und großen Geschwistern erlebter Zukunftsängste unserer Krisenzeit.

Glück, Sich freuen und – voller Emotionen - Wonne und Hoffen - klingen als Sehnsuchtsworte bei mir wider. Ich werde neugierig; das Lied nimmt mich mit – wobei ich, entgegen dem Fr. Nietzsche zugeschriebenen Spruch: „Die Christen müssten erlöster aussehen", in Distanz stehe zu den strahlenden Gesichtern eines heilen Wohlfühlchristentums.

Hier singt der Psalmist „Du bist mein Gott! In dir ist Freude".

Ich suche, ich ertaste, ich erinnere gute Erlebnisse von „Freude in der Gemeinschaft mit Gott", erfahren nicht im Überschwang, sondern nüchtern und realistisch, weiß ich doch um die Zukunftssorgen, und auch um eigenes Versagen und Schuldigwerden in Reden und Tun, um die Misstöne und Spannungen in Gemeinde und Kirche. Und doch:

In studentenbewegten Wochen vor etwa 50 Jahren war in einer christlichen Gruppe jene Studentin – auswendig und frei trug sie den ganzen Philipperbrief vor – wohl nur ein kurzer Brief des Apostel Paulus ist er, aber doch lang. Sie zitierte so, dass der Paulusbrief jetzt zu uns sprach und predigte das „Freuet euch!", sodass ihre Botschaft „und abermals sage ich: Freuet euch!" kräftiges Klatschen, fröhliche Gesichter weckte und den Taizé-Kanon „Laudate omnes gentes" unmittelbar anstimmen liess. Für manchen war es ein emotional mitnehmendes Erlebnis von „ Freude in der Gemeinschaft mit Gott". Auch ein Tanzgottesdienst mit den durch die Musik quirrlenden Tanzbewegungen lässt die „Herzen erheben", wie auch die Gemeinde mit Johann Sebastian Bachs „Gloria sei Dir gesungen" (EG 535) die Freude an Gott erschallen oder mit dem ökumenischen „In dir ist Freude" (EG 398), Gott, mehrstimmig preisen lässt.

2.1 Der Psalmist verkündet als erstes: „Der Herr ist mein Glück"; er gibt und schenkt nicht nur Gutes, Wohl, Glück; er ist mein Glück. Als Gabe Gottes wurde ihm, dem Leviten, damals bei der Landverteilung an die Stämme Israels nur der Ort am Tempel gegeben: nicht Äcker zur Bestellung und zur Weide, sondern ein Anteil an den Opfergaben. Das ist genug für den alltäglichen Lebensunterhalt. Er ist zufrieden. Glück, das ihm sein Schicksal als gutes, gelingendes Leben, ja, als Berufung und Bestimmung von Gott erfahren lässt, erfüllt ihn mit Dank und Freude: „Der Herr ist mein Glück".

„Freude in der Gemeinschaft mit Gott" mitten in den kleinen und auch größeren Dingen des alltäglichen Lebens – und das nach erfahrenem Leid und Klagen, wie die gehörten Schriftlesungen aus dem Alten Testament (Kgld 3, 22 – 26, 31 – 32) und dem Neuen Testament (Joh 11, 1, 2, 17 – 27) eben anzeigten. Es geht um die Freude, in der Gegebenes nicht-selbstverständlich als Geschenk erfahren wird. Ich erinnere im Alltäglichen konkret an das morgendliche Aufstehendürfen zu einem neuen Tag mit Aufgaben und Begegnungen, an die Mahlzeiten zu Stärkung und Genuss, an Gehen auf eigenen Füßen und freiem Raum, vielleicht unterstützt vom Rollator, an das Gelingen des

XVIII. Theologenkongresses in Heidelberg, an die allmähliche Gesundung nach Krankheitstagen, an die zurückliegenden Urlaubstage, erholsam an Leib und Seele, an die vielen kleinen Dinge, die als gut auf uns zu-kommen; in diesen Tagen auch besonders an die Voraussetzung und Bedingung für Gutes, Wohl und Glück: die rechtsbasierte freiheitlich-demokratische Ordnung unseres „Grundgesetzes", das „im Bewusstsein der Verantwortung vor Gott und den Menschen" vor 75 Jahren gegeben wurde – „wieder Rechtssicherheit", so sagte mit Dank mein Sohn, als er von einer Reise in einem friedlosen Land zurückkam. Auch zu er-innern sind die kirchlichen Angebote und die Gottesdienste, Orte der Verkündigung des Evangeliums und der Gabe der Taufe und des Abendmahls, dessen, was wir nicht selbst machen und uns nicht selbst geben können: die Feier von Gottes zuwendender Gnade und Güte. Gabe und Aufgabe sind sie.

Aber – und da kommt der innere Widerspruch, die Spannung zwischen den beiden Seelen in der Brust, wenn die andere Stimme spricht: „Hast Du´s nicht alles selbst vollendet, heilig, glühend Herz?"; jeder ist doch seines Glückes Schmied und „persuit of happyness" - Menschenwerk, selbstgemacht.
Und dann ist da die Unklarheit und Unsicherheit, was wichtig und was weniger wichtig ist im Leben und für das Leben; murrende Unzufriedenheit und zweifelnde Resignation begleiten sie in privaten Krisen und gesellschaftlichen Spannungen gegenwärtig.

Der Protest des Psalmbeters – und das ist für mich entscheidend - erweist sich als Resonanz auf Gottes Gebot im 1. Freiheitswort des Dekalogs. Alle Weisungen gründen und zentrieren sich in dieser Verheißung gegen Resignation und Hoffnungslosigkeit: „Ich bin der Herr, dein Gott. Du sollst und wirst keine anderen Götter haben neben mir".
Darum, darum bricht es aus dem Psalmsänger jubelnd: Gott, an dem mein

Herz hängt, „ist mein Glück" und er bekennt voller Freude: „Du bist mein Herr", dessen wir uns versehen alles Guten und bei dem wir Zuflucht haben in allem Schweren", Du, Gott des Lebens.

Freude lässt teilhaben an dem, was ersehnt und erwünscht wird, und was schon zu-kommt, Gottes Nähe hier und jetzt.

Es war D. Bonhoeffer, der in den Gefängnisbriefen viel über Glück nachdachte, über die kleinen Glückserfahrungen wie das Spüren von Sonnenstrahlen auf der Haut, den Genuss eines saftigen Pfirsichs, das Zusammensein mit Freunden, und nicht zuletzt ein Leben in Frieden und Freiheit. Glück als profaner Ausdruck meint da das, was die Bibel mit Segnen meint, Gottes Segen gegen die Fluchkräfte, die Leben kaputt machen und Zukunft zerstören. Die Bibel erzählt von Gottes Segensgaben: die alltäglichen, Gesundheit und Weisheit, Gaben, um für Andere Segen zu sein. So wünschen wir uns zu besonderen Übergängen auf dem Lebensweg „Glück und Segen", was auch die Bitte an Gott einschließt und mit Dank beantwortet wird.

2.2 „Ich lobe meinen Gott, der mir Rat gibt", singt der Psalmist dann weiter. Lebenskraft und Orientierung widerfährt ihm, sodass er „fröhlich und keck" nötige Schritte hin zum konkreten Tun vor Gott für den Nächsten tut. Nicht von den möglichen Zukunftssorgen gerade der „German Angst" sich umtreiben lassen, nicht im Möglichen schweben, wie skeptische Klüglinge - in der konkreten Tat ist die Freiheit. Zuversichtlich hält der Beter sich an die Weisung Gottes, der ihm bei Tag und auch bei Nacht verantwortliche und mutige Entscheidung für Mitmenschen und Mitwelt fassen lässt. „Ich habe den Herrn allezeit vor Augen. Mit ihm an meiner Seite falle ich nicht", singt er.

2.3 Und „Hoffnung schenkst Du", bekennt der Psalmist sodann, Hoffnung, Lebenselexier gegen die Tod bringende Mächte mit ihren leidigen Folgen.

Denn in der Gemeinschaft mit Gott sind wir Menschen „vorletzter Hoffnungen" und „letzter Hoffnung". „Vorletzte Hoffnungen" sind es in unserem verantwortlichen und mutigen Planen und Tun für uns und für andere, in Gemeinde und Gesellschaft. Der Hoffende ist dabei ausgerichtet und offen nicht nur für das Erhoffte, sondern für den, der Hoffnung zu erfüllen vermag, auf Gott. Der lebendige Gott, der das gute Leben will, gibt uns nicht dem Tod preis und dem, was Tod bringt.

Im „Vorletzten" widerspricht sein Wille zum Leben dem, was frühere Zeiten mit den „Todsünden" anzeigten, Sünden die im privaten und im gesellschaftlichen Zusammenleben zu Vernichtung und Tod führen. Sie zeigen sich konkret da, wo wir Menschen Maß und Grenze außer Acht lassen, wo die Angst, zu kurz zu kommen, sich einschleicht, wo Neid das Zusammenleben zerstört, wie die Bilder der „Todsünden" von Hieronymus Bosch bis Otto Dix, etwa dort in der Karlsruher Kunsthalle, sie uns vor Augen malen und mahnen.

Unser Gott ist der Gott des Lebens; er schenkt Leben und Lebensfreude, eine Freude, die Erhofftes als Segen Gottes voraus erfahren lässt. Es ist die Vorfreude, wie wir sie entsprechend bei den Vorbereitungen von besonderen Festen erleben.

Der Apostel Petrus ist es nun, der in seiner Glauben zündenden Pfingstpredigt unseren Psalm 16 auf die Hoffnung auch des „Letzten" hin verkündigt: in der Auferstehung Jesu Christi ist uns die Bewahrung in den Todeserlebnissen, die Überwindung der Gewalt des Todes zugesagt und das Leben mit Gott und bei Gott verheißen (Apg 2, 25 – 28). „Gepriesen sei Gott und die Gemeinschaft mit Gott". Auferstehungswege im Licht von Ostern besingt und bezeugt dieser Psalm als Protestlied gegen die heute erfahrenen Ängste und Kräfte des Todes. Gott, der Gott des Lebens, des „Vorletzten" und des „Letzten", ist „mein Herr", weil Christus spricht: „Ich bin die Auferstehung und das Leben. Wer an mich glaubt, der wird leben …" (Joh 11, 25). Und: „Ich lebe und ihr sollt auch leben" (Joh 14, 19)

3. „Du zeigst mir den Weg zum Leben", singt zusammenfassend der Psalmist im befreiten Dank für die Glücks- und Segensgaben des Alltags, zuversichtlich im Vertrauen auf Gott, getragen von Hoffnung für „Vorletztes" und auf „Letztes". Ja, „du zeigst mir den Weg zum Leben. Große Freude finde ich in deiner Gegenwart und Glück und Segen an deiner Seite für immer", singt unser Psalm. Davon können wir, die Gemeinde Jesu Christi, erzählen und im Alltag Rechenschaft geben: „Die Freude in der Gemeinschaft mit Gott". Und so versuchen auch wir, in unserer Zeit mit Spaltung, Unfrieden und so vielen Schrecken, einzustimmem, dennoch, in das Gotteslob des Psalm 16 mit dem Choral (EG 398) „In dir ist Freude in allem Leide ...".

Und der Friede Gottes, der höher ist als unsere Vernunft, der erhalte uns diese österliche Zuversicht. Amen.

Apg 3, 1 – 10: „aufstehen und auferstehen"

Predigt am 2. 10. 2024 in der Peterskirche in Heidelberg

„Wunderbar !", „herrlich!" - unwillkürlich spricht sich etwas aus, was uns als Nicht-Alltägliches und Ungewöhnliches begegnet: nach einem verdunkelnden Gewitter der farbenfrohe Sonnenuntergang, die unerwartete Begegnung mit einem alten Freund, der Dank für eine plötzliche Wende. „Wunderbar"!

Eine grundlegende Veränderung, eben eine Wende schließt ein, was der Glaubende als Wunder erfährt und „Wunderbar!" nennt: eine Veränderung des Blicks, eine Horizonterweiterung zu einem neuen und weiteren Wirklichkeitsverständnis durch den Glauben.

Eine Glaubenserzählung berichtet der Arzt und Historiker Lukas hier der frühchristlichen Gemeinde und nicht nur ihr damals, auch uns heute. Es geht um das Narrativ vom Weg des Evangeliums, der trotz Widerständen, durch die Verkündigung in Wort und Tat immer weitergeht von Jerusalem bis nach Rom und in alle Welt: eine Mut machende, Hoffnung schenkende Predigt.

1. Petrus und Johannes gehen zum Nachmittagsgottesdienst um 15 Uhr hinauf zum Tempel. Jesus hatte die Jünger ausgesandt „zu predigen das Reich Gottes und zu heilen die Kranken" (Lk 9, 1). Sie wollen beten und neu Kraft für ihren Dienst erfahren. Viele Menschen eilen jetzt aus den Pflichten des Alltäglichen hin zur Andacht vor Gott im Tempel. Es sind jetzt viele. Darum wird am zentralen Platz der „Schönen Pforte" der von Kindheit Gelähmte tagtäglich abgesetzt: ein behinderter Mensch mit Assistenzbedarf, allein gelassen. Er sitzt gekrümmt und in sich verkrümmt am Straßenrand, doch vielleicht auch mit dem Wunsch nach medizinischer Behandlung oder auch mit dem Wunsch nach Heilung. Jetzt hockt er, um mit der ausgestreckten rechte Hand ein paar Kupfermünzen zu erbetteln. Objekt allgemeiner Mildtätigkeit ist er geworden. Doch die meisten Menschen machen einen Bogen, hasten schnell vorbei,

grenzen ihn gesellschaftlich aus; gleichgültig oder verschämt schauen sie weg. Und er? In sich versenkt, einsam kauert er in behinderter Hoffnung, ohne Ausblick.

Doch heute kommt es ganz anders, berichtet Lukas: eine dramatische Veränderung und Wende, „wunderbar".

2. Im Aufsehen nimmt der Gelähmte Petrus und Johannes wahr, die in den Tempel gehen. Auch Petrus sieht den Gelähmten. Er unterbricht den Gang zum Heiligtum und blickt den verkrümmt am Rand Kauernden an und spricht: „Sieh mich an!". Der Gelähmte, eine milde Gabe erwartend, hebt den Kopf. Es kommt zum Augenkontakt; im Augenblick der Begegnung von Angesicht zu Angesicht schwingt wechselseitige Zuneigung und Vertrauen. Nicht mehr nur unmündiges und bevormundetes Objekt allgemeiner Mildtätigkeit ist der Gelähmte. In seiner Behinderung erinnert er nicht nur Verwundbarkeit und Beschränktheit der Menschen, die sich heute durch gesundheitliche Selbstoptimierung und technologische Machbarkeit dagegen auflehnt. In einer behindertenfeindlichen Welt zeigt sich der Gelähmte als Quelle eigenen Handelns. Petrus Ruf „Sieh mich an!" schafft interaktiv den Zugang zum eigene Handeln. Und der Angesehene erfährt Ansehen, mit Würde begabt.

Wertvoll, höchster materieller Werte voll, ist der Angesehene. Denn Petrus beteuert: „Silber und Gold habe ich nicht". Geld schafft viel: Gutes für teure Arztbesuche und Medikamente, als Mammon aber Gier und Hybris, wie Max Frischs „Der Besuch der alten Damen" erzählt. M. Luther stellt bekanntlich Gold und Gott konträr gegenüber, wo es um das geht, woran der Mensch letztlich sein Herz hängt: Gott oder Abgott, Glaube als das grundlegende, Leben bestimmende Vertrauen auf den, der uns gut ist, auf Gott, oder Unglaube als versichernde Letztgeltung von Güter, die Menschen selbst erdacht und gemacht haben.

„Silber und Gold habe ich nicht" sagt Petrus, „was ich aber habe, das gebe ich dir: Im Namen Jesu Christi von Nazareth steh auf". Im Namen sagt sich der an, der benannt wird. Wie im Alten Testament Jahwe sich Mose am brennende Busch vorstellt: „Ich bin der ich bin. Ich werde dasein konkret für dich als der ich dasein werde", so der Name Jesu Christi von Nazareth; Heiland und Erlöser ist er. Sein Name ist performatives Wirkwort, kein „Zauberwort". Zugleich ergreift Petrus den Gelähmten bei seiner rechten Hand; denn – wie Ps 73, 22 singt – „du hälst mich bei meiner rechten Hand". Petrus zieht ihn hoch und lässt ihn aufstehen. Im hier im Griechischen genannten „ägeire" schwingt da auch die Bedeutung „auferstehen" mit: Petrus lässt ihn „aufstehen" und „auferstehen". Neu, mit einem Sprung war der Gelähmte auf den Beinen und macht vor Freude einige Schritte.

Gottes Kraft im Namen des auferstandenen Jesus Christus schafft die neue Welt inmitten unserer Welt. Ein anderes Lebensgefühl, ein weiteres Wirklichkeitsverständnis, eine Wende zu Heilung und Heil, „wunderbar" dem Glaubenden. Und „da ist ein Sehnen tief in uns, o Gott, nach dir, dich zu sehn, dir nah zu sein" (NL 116). Der Historiker und Arzt Lukas berichtet immer wieder von „wunderbaren" Veränderungen und Wenden bei und zwischen Menschen auf dem Weg des in Wort und Tat gepredigten Evangeliums: Die Wende des Saulus zum Paulus (Apg 9), die Heilung des Äneas in Lydda (Apg 9, 32 – 35), die Befreiung des Petrus aus dem Gefängnis des Herodes (Apg 12, 3 – 17), die Öffnung des Hauses der Lydia für das Evangelium (Apg 16, 14) usw. Lebens- und Glaubensgeschichten sind es, Glaubensnarrationen von Lebenswenden.

Da ist der Blick des Glaubens für die kleinen und großen Geschehnisse „wunderbarer" Auferstehungserfahrungen. Auch wenn sie sich nicht unbedingt fixieren lassen sind sie Zeichen des „Geistes und der Kraft Gottes" (Apg 1, 18) in unserem Leben und in unserer Welt: das morgendliche Aufstehen zu einem erwartenden Tag; die neue Lebenszeit nach professioneller Operation; das

Tauffest eines Enkelkindes mit dem Erinnern der eigenen Taufe. Zu Dank und Dankbarkeit rufen sie. Wie auch für die große Wende durch das „Stuttgarter Schuldbekenntnis" vom 19. 10. 1945: „Wir klagen uns an, dass wir nicht mutiger bekannt, nicht treuer gebetet, nicht fröhlicher geglaubt und nicht brennender geliebt haben". Neu eröffnete sich Zukunft der evangelischen Kirche und der nachkriegsdeutschen Gesellschaft in der weltweiten ökumenischen Gemeinschaft. Und vor wenigen Wochen am 31. August bat Bundespräsident Steinmeier beim Gedenken an den „Warschauer Aufstand" um Vergebung. Die Bitte um und der Zuspruch von Vergebung wirkt Veränderung, „wunderbar", schafft Zukunft in Zusammenleben von Menschen und Völkern.

3. Der ehemals Gelähmte und nun Geheilte erfährt sich auf weiten Raum gestellt. Er geht mit den anderen in den Tempel, was ihm als Behinderten gesetzlich verwehrt war (Lev 21, 18 – 20; 2 Sam 5, 8). Er eilt nun zum Ort erfüllter Sehnsucht. Er springt und tanzt vor Freude; er preist dankend Gott für die „wunderbare" Wende vom Bettler zum Beter. Jetzt nehmen auch die Menschen um ihn herum Notiz und Anteil. Viele staunen, freuen sich mit, und loben Gott in Gemeinschaft mit ihm. Er findet hier Wertschätzung und Anerkennung. Gegenüber Mildtätgkeit kommt Gerechtigkeit zur Geltung. Angenommen wird er in der Gemeinde durch die Erfahrung der Kraft Gottes im Namen des auferstandenen Jesus Christus; und sie wird heilsame und heilende Gemeinde im Empfangen und Weitergeben des Evangeliums in Wort und Tat. Manche freilich bleiben skeptisch und ohne Glauben; sie wollen und können nicht fassen, was da geschehen ist; so bleiben sie auch ohne Dank. Aber der Weg des Evangeliums geht weiter – auch in unserer an Lähmungen und Gottvergessenheit leidenden Zeit. Unsere Gemeinde und Kirche, ja, die ganzen Welt ist schon hineingenommen in die „wunderbare" Wende im Namen des auferstandenen Jesus Christus und in der Kraft des heiligen Geistes. Der

Blick des Glaubens darf immer wieder wahrnehmen das „Aufstehen" und „Auferstehen" im kleinen und auch im großen Geschehen – gegen den Augenschein und gegen Skepsis durch Anfechtungen hindurch dringend und getragen.

Das Verheißungswort „Im Namen Jesu Christi von Nazareth" schafft „aufstehen" und „auferstehen" und stellt unsere Füße auf weiten Raum, wo wir „Rechenschaft geben" vom Mut machenden und Hoffnung schenkenden Evangelium als heilsamer und heilender Lebensraum in und für die Welt.

Amen.

„Dem König aller Könige … , dem sei Ehre"

Andacht im Heidelberger Emeriti-Kreis am 4. 11. 2024

Votum Wochenspruch:

„Dem König aller Könige und dem Herrn aller Herren, der allein Unsterblichkeit hat, dem sei Ehre und ewige Macht" (1 Tim 6, 15b, 16 a,c)

Lied: EG 123, 1 – 4

Mit dem Wochenspruch dieser Woche haben wir den Hymnus von Philipp Friedrich Hiller (1699 - 1769) gesungen.

Wie die Jahresringe eines Baumstammes kreisen meine Erinnerungen mit diesem Lied. Von uns Jungenschaftlern der evangelischen Gemeindejugend der Nachkriegszeit wurde es gesungen als trutzig Lied vom „Anspruch Christi auf unser ganzes Leben" gegen Leben verachtenden Hitlerismus, über dessen Schrecken wir erst allmählich Kenntnis bekamen. Dann sangen wir es gegen einen weltanschaulichen Materialismus, der aus dem Jugendweihe-Buch „Weltall – Erde – Mensch" gegen die Konfirmation sprach. Später bei ökumenischen Gottesdiensten im Freien verband sich der Lobgesang mit dem kritischen Zungenschlag einerseits gegen konfessionalistische Strömungen für die „Gemeinschaft in versöhnter Verschiedenheit" sich gegenseitig als Kirche Jesu Christi anerkennender Kirchen; andererseits gegen Schöpfungsvergessenheit im Dank an den Schöpfer und den Ruf zur Bewahrung der Mitwelt als Schöpfung Gottes.

Das Lied wurde am 28. 8. 1755 in der Gemeinde Steinheim/Württemberg gesungen, wo Philipp Friedrich Hiller Pfarrer war; wo er ab 1751 immer mehr seine Stimme verlor – für einen Pfarrer und eine Pfarrerin nicht nur ein Handikap, sondern eine Katastrophe. Hiller dichtete das „Lied von dem großen Erlöser", wie er sagt, im O-Ton biblischer Texte als Hymnus von der Königsherrschaft Christi; alles hat ihm Gott, der Vater, anvertraut (1 Kor 15).

In den Psalmen wird Gott gepriesen als „König" über alle Völker, auch über die Kriegsherren (Ps 47); Recht und Gerechtigkeit schafft er und die Bitten und Hilferufe der Entrechteten hört und erhört er (Ps 10, 16; 99, 1). Im Johannesevangelium antwortet Jesus – Teil hat er an allem, was das Leben von uns Menschen ausmacht - im Verhör vor dem Römer Pontius Pilatus: „Bist du der Juden König?", „Mein Reich ist nicht von dieser Welt. ... Du sagst es: ich bin ein König": mit Vollmacht gegen weltliche Gewalten, in Hingabe für andere gegen selbstbezogenen Anmaßung, Hingabe bis zum Tod am Kreuz zur „Erlösung" von der Gewalt der Sünde und des Todes mit seine großen und kleinen Geschwistern, hin zum neuen Leben, er, der Friedefürst.

„Jesus Christus herrscht als König", er wird im Lied der König der Könige, der eigentliche „König" genannt, weil er den Nicht-Liebenswerten annimmt und zum Liebenswerten erklärt und schafft, der vor Gott recht ist.

Durch Jesu Christi Stellvertretung „uns zugut", erhöht in der Auferstehung „am dritten Tag", brachte er die „Erlösung", die Wende zu einem neuen Wirklichkeitsverständnis, zu einer neuen Wirklichkeit vor Gott und in der Gemeinschaft mit Gott. Er bringt Versöhnung mit Gott; und seine hingebende Liebe lässt die, die zu ihm gehören, für das Recht anderer, gerade der Entrechteten und Verfeindeten eintreten und Versöhnung bringen.

Der Hymnus „Jesus Christus herrscht als König" ist Resonanz auf seine Erhöhung ewig über Raum und Zeit und auf seine Gegenwart hier und heute.

Die Gemeinde, durch Trübsinn und Anfechtung dringend und von Ihm , dem „Haupt", getragen und erhalten, ist da hineingenommen in den vorgängigen Jubel des Himmels. In Jesus Christus, in dem Gott seine Liebe offenbart, erfahren die Glaubenden ihre Bestimmung als immer schon von Gott Geliebte. So ist ihr Singen, ihr ganzes Leben, ausgerichtet auf das, was im Himmel schon erschallt: „alles", „alles" wird ihm untertänig.

Übrigens, der Kurzartikel im letzten DPfBl 10/24, S. 571 mit dem Plädoyer für den bloßen „Abschied" von der Metapher „König" für Gott und für Jesus Christus ist da doch zu kurzschlüssig, wie ich überzeugt bin.

Hillers Preisung der Königsherrschaft Jesu Christi besteht aus 26 Strophen, von denen 11 im EG 123 aufgenommen sind. In Form des psalmodierenden Parallelismus nach der Melodie des Nürnberger Stadtmusikus Johann Löhner (1645 – 1705) wird die Doxologie gesungen.

Sie war, im Württemberg, das damals vom die aufklärerische Weltanschauung Friedrich des Großen verehrenden Herzog Karl Eugen absolutistisch regiert wurde, auch ein Protestsong. In der Karlsschule provozierte der Autokrat den „Sturm und Drang" der Schillerschen „Räuber", aber eben auch das kritische Potential des Christushymnus des frommen Dichterpfarrers. Der 22. Vers etwa lässt singen:

„Trachten irdische Monarchen/ dieses Herdlein anzuschnarchen:

O mein Hirte lacht dazu./Er lässt diese kleinen Großen

sich die Köpfe blutig stossen/ und den Schafen gibt er Ruh".

Ihm sei „Ehre und Ruhm" gegen die "kleinen" Diktatoren heute, wie gegen die „gottlosen Bindungen" an die von Menschen gemachten Sinnbildungen, die totalen Ismen wie Naturalismus, Szientismus, Mamonismus, woran man sein Herz hängt.

„Es wir regiert", Gott ist im Regiment, wie K. Barth in seinem letzten Telephonat mit E. Thurneysen auch uns zuruft, „Die Fürsten dieser Welt gehen, unser Herr kommt".

Wem gilt da letztes Vertrauen und einziger Trost im Leben und auch im Sterben?

- Frömmigkeit und Politik verbinden sich hier im ersten Gebot „Ich bin der Herr, dein Gott" und im Gotteslob: „Ihm sei Ehre. Soli Deo gloria".

„Hört's, das Leben ist erschienen …", lässt Hiller singen; „gebt, ihr Sünder …", „klagt, ihr Kranken…", „sagt, ihr Armen …", schallt der Ruf. Alle dürfen kommen zu dem, der verheißt: „Ich lebe und ihr sollt auch leben" jetzt und in

Ewigkeit, Christkönig, der Recht und Gerechtigkeit schafft. Und mit dem „Jauchzt ihm … rühmt" lässt Hiller auch uns „auf der tiefsten Stufe" miteinstimmen. Ja, „Ich will glauben, reden, rufen" vom Christus praesens; „ehret, liebet lobet ihn". Da bin ich weg, außer mir, nicht bei mir selbst, bei meinen Sorgen und Problemen, sondern bei dem, der bringt Erlösung und seinen Frieden und Gerechtigkeit bei uns.

So sind auch wir, je in unserer besonderen Situation, eingeladen zu singen mit dem Wochenspruch „Dem König aller Könige und dem Herrn aller Herren, der allein Unsterblichkeit hat, dem sei Ehre und ewige Macht" Vers 11 vom Lied „Jesus Christus herrscht als König, alles wird ihm untertänig". Amen.

Neh 8, 9 – 18: Dies ist der Tag, heilig dem Herrn

Mittwochfrühgottesdienst am 22. 1. 2025 in der Peterskirche in Heidelberg

Liebe Mittwochmorgen Gemeinde,

Wie war es vor kurzen, als sie sich von Herzen freuten, Spaß an der Freude hatten ? Worüber war es, als - zusammen mit anderen – diese Freude aufkam ? Ich meine das befreite Lebensgefühl und die freudige Grundstimmung, die sich mit lächelndem Gesicht verbindet und aus dankbaren Augen spricht. War es das Gelingen einer Seminararbeit?, die glückliche Begegnung mit dem Freud, der Freundin? ,usw. Auch ich sinne nach:

Da war nach der ärztlichen Generaluntersuchung die Nachricht: „Alles ist gut" wie der Morgenglanz eines neuen Tages, der mir geschenkt wird und den ich dankbar mit offenen Händen ergreife. Da war in studentenbewegten Jahren in einer christlichen Gruppe die Studentin; auswendig trug sie den Philipperbrief vor – gewiss ein kurzer Brief des Apostel Paulus - aber eben auch recht lang; sie sprach so zu uns, dass das Auswendiggelernte Predigt wurde mit dem „Freuet euch!"; und als sie rief „Und abermals sage ich: Freuet euch!" antworteten wir spontan mit dem „Laudate omnes gentes". Einen tiefen Eindruck hinterlies dieses Erlebnis bei mir.

Und da ist für mich als Nachkriegskind das Bild von den nach K. Adenauers Moskaubesuch 1955 letzten Kriegsheimkehrern im Übergangslager Friedland; zusammen mit den am Bahnsteig Wartenden stimmten sie an und sangen mit Tränen der Freude: „Nun danket alle Gott".

Das Buch Nehemia erzählt von solcher Freude vor Gott; wir hören:

Aus der Babylonischen Gefangenschaft heimgekehrt, fühlen sie sich doch fremd in der Heimat. Aber die damals Zurückgebliebenen, inzwischen

Etablierten, sehen in ihnen Fremde, die nun Ansprüche auf ihr angestammtes Eigentum stellen. Die Spannungen verstärken sich, weil noch immer große Kriegsschäden bestehen. Selbst die sichernde Mauer um Jerusalem liegt noch in Trümmern und auch der Tempel ist zerstört.

Da kommt Nehemia, der von den Persischen Satrapen eingesetzte Gouverneur, der Tirschata; er kommt als Hoffnungsträger, lässt die Jerusalemer Stadtmauer aufbauen und auch für den Wiederaufbau des Tempels lässt er Gerät, Baustoff und Gelder sammeln. Es geht ja um den Schutz nach außen und das geistliche Zentrum des Volkes Israel, jetzt so wie früher. Hier ist der Ort, wo die Israeliten als Bundesvolk Adonais zusammenkommen. Darum ist es auch der Priester und Schriftgelehrte Esra, der vor versammeltem Volk die Thora Gottes vorliest und erklärt. „Wohl dem, der Freude hat an Gebot und Verheißung des Herrn" (Ps 1, 2). Und das Gebot und die Verheißung Gottes erreichen hörende Herzen. Heimkehrer und Zurückgebliebene, Migranten und Ansässige, sind ergriffen, zu Tränen gerührt und weinen.

Da ruft Esra ihnen zu: Dieser Tag – eben der Tag, an dem die Thora den Bund Jahwes mit seinem Volk Israel erneuert – „dieser Tag ist heilig dem Herrn, euren Gott": „Ich bin der Herr, euer Gott" und ihr seid mein erwähltes Volk des ewigen Bundes. Und Esra verkündigt dem Volk: „Freuet euch!", dankt und feiert Gottes Treue zu und mit euch. Feiert, lachet, freut euch, „denn die Freude am Herrn ist eure Stärke". Sie feiern so wie Mose einst die Weisung gab; sie halten sich an die Thora (2 Mose 23, 16; 3 Mose 23, 33ff, 39f): sie sammeln Baum- und Palmenzweige und bauen Laubhütten und feiern im Dank für die Errettung aus der Knechtschaft Ägyptens und Gottes Bewahrung auf dem Weg durch Wüste und Öde, Hunger und Durst. Sie feiern sieben Tage lang das Sukothfest – bis heute. Denn „dies ist der Tag, den der Herr macht, heilig dem Herrn". „Der Herr hat Großes an uns getan, des sind wir fröhlich. … Die mit Tränen säen, werden mit Freuden ernten" (Ps 126, 3, 5). Das Büfett ist eröffnet zum amicablen Zusammensein bei gutem Essen und feinen Getränken.

Vegetarisches und Veganes scheint man wohl noch nicht gekannt haben, wie es heute bei jedem festlichen Mahl der Fall ist. Und Essen und Trinken hält Leib und Seele zusammen, weil ihnen gemeinschaftliches Essen und Trinken Gabe und Geschenkt Gottes ist, auf das sie Freude und Dank antworten lässt. Dank für Gottes Wohltaten in der Vergangenheit und Vorfreude, Vorgeschmack auf Zu-Kommendes von Gott verbinden sich in der Gegenwart dieses Festes.

„Es war eine sehr große Freude" (V.17) heißt es – Nicht das Schillersche „Freude, schöner Götterfunke", nicht das „Carpe diem": „Lasst uns essen und trinken, denn morgen sind wir tot" (1 Kor 15, 32). Gefeiert wird die dankbare Lebensfreude vor Gott schon hier, jetzt und heute: „Iß dein Brot mit Freude. Trink deinen Wein mit gutem Mut...Und alles, was dir vor die Hand kommt zu tun, das tue frei und getrost". So die Weisung Gottes im „Vorletzten".

In der „Freiheit der Christenmenschen" durch die Gnade Gottes in Jesus Christus geht es da einerseits um die Bejahung unserer Endlichkeit und andererseits um den freien Genuss der guten Gaben, die wir tagtäglich empfangen. Der Genuss der natürlichen Gaben ist sein gerechtfertigter Gebrauch, wie M. Luther betont. Dank und Freude ist die Antwort der Christenmenschen, denn „ein freudiges Herz hat Gott lieb" und eine freudige Hand, die gibt von dem Gegebenen den Armen, den nahen und fernen Nächsten.

Das mahnt wohl Fr. Nietzsche irgendwie an mit seiner polemischen Zuschreibung: „Die Christen müssten erlöster und fröhlicher aussehen". Damit ist nicht gemeint, wie wir wissen, das allseits glücklich lächelnde Gesicht eines Wohlfühl- und Wohlstandchristen.

Der Grund ist ein ganz anderer hier! Es geht nämlich um die Resonanz auf das Geschenk der Gnade, der Charis Gottes, die in der „eucharistia" gefeiert wird. Als Vorgeschmack des von Gott geschenkten Freudenfestes im „Letzten" wird sie schon jetzt gefeiert, wie der Prophet Jesaja einst verheißen hat (Jes 25, 6 - 8).

Ihr seid geladen! Kommt mit Dank für das, was wir uns nicht selbst geben können, Gott, den Dreieinen, preisend: „Dir sei Dank und Lob". „Ich freue mich im Herrn ", auch in düsteren und lähmenden Stunden, in Glück und Leid. „Ich bin vergnügt, erlöst, befreit. Gott nahm in seine Hände meine Zeit" (H. D. Hüsch).

Liebe Mitwochmorgen-Gemeinde, „Freuet euch! Und abermals sage ich: Freuet euch!" Kommt, schmeckt und seht, wir freundlich unser Herr ist.

Wir stimmen ein mit EG 789, 3. Amen.

Mt 20, 1 – 16: „Mehr als zusteht"

Septuagesimä (16. 2. 2025) in Leimen

1. Liebe Gemeinde, da sagt eine Frau im Rückblick – auch nach Schicksalsschlägen und Krankheiten - :"Ich war mir immer irgendwie gewiss, dass sich für mich im Leben alles gut führen würde – und so kam es auch" (ekibaintern 9, 2019, 16). Es handelt sich um ein Zeugnis, ein Glaubenszeugnis, das gewiss weiß und anerkennt die Klage anderer, die nicht so sprechen können.

Dass Schicksal nicht allein menschliches Machen, eben Machsal, ist – nach dem Motto: „Jeder ist seines Glückes Schmied" - sagt sprichwörtliche Lebensweisheit: „Der Mensch denkt, Gott lenkt". Dass Gott mit dem Pseusonym „Zufall", Zu-Fallendes, die Grammatiken des Lebens schreibt, war dieser Frau gewiss. „Gott aber hat es zum Guten geführt", worauf die Josefsnovelle des Alten Testaments hinweist (Gen 50, 20).

So erzählt die gehörte Parabel Jesu vom Reich Gottes: allen, gerade den Spätkommenden, den Verhinderten und Behinderten, den Abgehengten und Zukurzgekommenen verheißt Jesus gerechten Lohn, Gerechtigkeit:

Ein Landwirt wirbt früh am Morgen Arbeiter für seinen Weinberg an; über einen Silbergroschen als Tageslohn wird er als Arbeitgeber mit den Arbeitnehmern einig. Es ist ein akzeptabler Verdienst.
Zur dritten Stunde dingt er weitere Tagelöhner und wird einig über das, was recht und billig ist. In der Mittagshitze der sechsten Stunde stellt er wieder Arbeiter zu denselben Konditionen ein und dann abermals zur neunten Stunde. Und als er Arbeitssuchende am frühen Abend zur elften Stunde sieht, wirbt er auch diese zur Arbeit im Weinberg an.

Am Ende des Tages zahlt er allen durch den Verwalter den Lohn aus. Es kamen zuerst die Arbeiter, die der Landwirt am Abend zur elften Stunde gedingt hatte; da empfing jeder einen ganzen Silbergroschen. So auch die zur neunten, sechsten und dritten Stunde. Als nun die „Ersten kamen, meinten sie, sie würden mehr empfangen". Sie murrten, als sie den vereinbarten Silbergroschen als Lohn empfingen. Hatten sie nicht über den ganzen Tag bei stechender Mittagssonne die schweißtreibende Arbeit geleistet? Und nun der gleiche Lohn wie die Spätgekommenen? Soll das etwa leistungsgerecht sein? Man vergleicht; man murrt, ist wütend, empört. Der „scheele Blick" des „bösen Auges" lässt Neid aufsteigen. Neid durch Vergleichen gegenüber dem, der mehr hat, weckt oft das Gefühl, zu kurz gekommen zu sein, ein Ressentiment, das Hass erregt gegen den, der bevorzugt zu sein scheint.

Im Zusammenleben der Menschen kennen wir das. Im gesellschaftlichen und politischen Geschehen erfahren wir das gegenwärtig in einer Zeit der Extreme und des Streites. Nicht selten eskaliert Neid über Hetze in Hass; Hass aber spaltet im Privaten, Sozialen und Politischen.

Gesteigert durch den Einsatz von verbaler und gar physischer Gewalt, wird Leben verletzt und Zukunft zerstört.

2. Und der Landwirt? Liebe Gemeinde, er erinnert die unzufrieden Murrenden: „Einig geworden sind wir doch über einen Silbergroschen: verabredeter Lohn. Nimm und geh. Den Spätgekommenen will ich dasselbe geben, frei, weil ich gütig bin".

Was menschlichem Gerechtigkeitsgefühl widerspricht – viele können das nacchempfinden - , das ist Gottes frei schenkende Güte, die segnet mehr als zusteht . Das ist der eigentliche Kern des Gleichnisses. Da, wo menschliche Maßstäbe bilanzieren: „Wer zu spät kommt, den bestraft das Leben", da lässt Gottes Güte Spätkommenden zukommen, was sie selbst nicht verdient haben.

In diesem Gleichnis, dieser „Gegenwelterzählung", Jesu aus dem Arbeitsleben geht es nicht um abstraktes Berechnen von „Barmherzigkeit und Gerechtigkeit" oder um den juridischen Grundsatz „Gnade vor Recht".

Jesu Predigt vom Reich Gottes erzählt vielmehr von Gottes freier Güte, die menschliche Vorstellungen aus den Angeln hebt. Menschen, Mitmenschen und Mitwelt leben letztlich aus Gottes unverfügbarer Güte, aus Gottes Leben und Kraft wirkenden Geist. Leben kann man sich nicht selbst geben; Leben wird gegeben; Leben ist Geschenk.

3. Liebe Gemeinde, wir leben aus Gottes freier Güte. Und mehr als wir selbst verdienen, wird gegeben. Wir sind Beschenkte; grundlegende Dankbarkeit kann uns erfüllen für die kleinen und großen Dinge des Alltags: der Morgen eines neuen Tages, liebe Menschen für und mit uns, Gesundheitsversorgung bei Mängeln, Recht und Rechtsstaatlichkeit unserer Demokratie, für die jede und jeden mitverantwortlich ist für freie und geheime Wahlen usw. Segensgaben sind es in Gottes erhaltendem Wirken gegen Chaos und Unfrieden. Dankbar lassen sie manchmal und immer wieder anstimmen: „Ich danke Gott und freue mich, dass ich bin, bin ..."; und dass ich Hoffnung habe, die weit über das Alltägliche hinaus geht. Hinsehen können wir, um Gottes tagtäglich erfahrene, menschliches Rechnen durchbrechende Güte wahrzunehmen. Das zeigt der Blick des Glaubens auf Jesus Christus, unseren auferstandenen Herrn. Er klärt auf, schafft Durchblick, eröffnet Sinn: eine neu Wirklichkeit, erblicken, weil schon angeblickt, erkennen, weil von Gott erkannt und Gottes Gegenwart erkennend in den kleinen und großen Gaben.

Und mit dieser Gleichniserzählung Jesu vermag der Glaubende Ja zu sagen auch „zu den Überraschungen", die seine Pläne durchkreuzen, die Träume zunichte machen, dem Tag eine ganz andere Richtung geben – und gerade zum Mehr, als eigentlich zusteht, wie die Spätgekommenen in der Parabel erfahren. Es ist kein anonymer Zufall. Es ist Geschenk Gottes, das zu mir spricht von

Gottes Güte Zufall. (Dom Helder Camara, Mach aus mir einen Regenbogen, München-Zürich (Pendo-Verlag), 1981).

4. Betrachten wir nun, liebe Gemeinde, das Gleichnis auch von den anderen Arbeitern her, die meinen troz abgesprochener Vergütung zu kurz zu kommen. Hier sei für sie mit dem Apostel Paulus gesprochen: "Jeder soll seinen Lohn empfangen nach seiner Arbeit" (1. Kor 3, 8).

Jesu Gleichnis vom Reich Gottes weckt da auch Sozialkritik an der damaligen Arbeitswelt: Mangel an Arbeit, Arbeitssuche und Arbeitslosigkeit; Schrei nach gerechten Arbeitsverhältnissen und leistungsgerechter Bezahlung.

Der Glaube aus dem Geschenk der Barmherzigkeit Gottes ist es da, der für Recht und mehr Gerechtigkeit eintreten lässt gerade als Anwalt für Andere. Es ist der Glaube, der ins Leben mit mehr sozialer Gerechtigkeit führen will gegen Extremisten und gegen weltanschauliche Utopien. Immer wieder - leider oft spät - ließen sich Christen und Kirchen herausfordern von den Leidtragenden ungerechter sozialer Strukturen. Viel diakonisches Engagement und manche Erklärungen der Kirchen nach dem II. Weltkrieg bis heute setzen sich ein für den Wert der Arbeit, für Ausbildung und Bildung aller, für Fördern und Fordern. Sie kritisieren soziale Mißstände, unverhältnismäßige Spannen in der Bezahlung sowie ungerechte Arbeitsbedingungen. So erweist sich der Glaube, der verantwortlich im freiheitlich-sozialen Rechtsstaat gelebt wird für mehr Gerechtigkeit derer, die zu kurz kommen. Und das durch die Kraft des Geistes Gottes.

4. Liebe Gemeinde, kehren wir zum Kern von Jesu Gleichnis zurück: Auch wir sind „Spätkommende", aber nicht zu spät Kommende. Mehr als uns zusteht, wurde uns tagtäglich gegeben und wird uns einzig geschenkt: Jesus Christus, Bruder und Herr, ist da für die ganze Welt und so auch für uns, für Wohl und Heil, Zukunft eröffnend. Er selbst schenkt sich uns. In ihm zeigt sich Gottes

Gerechtigkeit als erbarmende Liebe und vergebend-befreiende Güte. Er ist der Kyrios, Herr, mächtiger als alles, was Gott und Gottes Willen für Liebe und Gerechtigkeit zuwider ist.

47eingangs erzählten Frau, die auch nach schweren Zeiten zu sagen vermag: „Ich war immer irgendwie gewiss, dass sich für mich im Leben alles gut führen würde – und so kam es auch", eben „dass denen, die Gott lieben", die aus seiner Güte leben, gerecht, und für mehr Gerechtigkeit, dess denen „ alle Dinge zum Besten dienen ... „ (Röm 8, 28).

Der Glaube an Jesus Christus möge uns täglich neu wahrnehmen lassen Gottes freie Güte, die mehr gibt, als uns zusteht. Amen.

Kor 13, 11 - 13 : „Dem dreieinen Gott sei Ehre und Ruhm!"

Trinitatis (15. 6. 2025)

Vor ein paar Tagen begegnete mit beim Spaziergang ein früheres Gemeindeglied. „Grüß Gott, Herr Plathow!", rief er im Entgegenkommen. Wir unterhielten uns kurz. Und beim Weitergehen wünschte er: "Adieu. Gott befohlen!". Ich dankte. Wie anders klang das doch als das selbstbezügliche „Hallo! Da bin ich!", das mir sonst begegnet.

Nicht auf sich selbst bezogen, sondern dem anderen auf dem Weg gilt der Gruß als Wunsch und Zusage. Für Christen schließt der Gruß ein den Zuspruch des Segens Gottes: Segen von Gott in segensbedürftiger Zeit. Darum tauschen wir Grüße und Wünsche aus zu den Übergängen, Neuanfängen und Festtagen auf unserem Lebensweg. Eingebunden sind sie ins Ahnen und in die Zuversicht, dass unverfügbar Gott unser Leben begleitet und der Welt Heil und Wohl in den Händen hält.

Der Apostel Paulus schreibt der Korinthischen Gemeinde, in der er Anfeindung, Entfremdung, dann aber Versöhnung erlebte, den Gruß als Wunsch und Zusage: „Die Gnade unseres Herr Jesus Christus, und die Liebe Gottes, und die Gemeinschaft des heiligen Geistes sei mit euch". Auf seine Mahnung zum friedvollen Miteinander folgen diese verheißenden Worte. In die weite ökumenische Gemeinde hineingenommen sind sie. Paulus schreibt sie betont am Schluss des Briefes, da, wo noch einmal ganz Wichtiges gesagt wird. Ich denke da auch an das Glaubenszeugnis, das Helmut James von Moltke mit diesem Gruß in seinem Abschiedsbrief an die Familie vom 11. 1. 1945 vor seiner Hinrichtung gibt (Freya v. Moltke, M. Belfour, J. Frisby (Hgg.), Helmut James von Moltke 1902 – 1945, Stuttgart 1975, 310 – 314).

Heute im Gottesdienst des Trinitatisfestes 2025 wird uns der Gruß des Apostels zugesagt zusammen mit der Predigt:

2.1 „Die Gnade unseres Herrn Jesus Christus sei mit euch".

Jesus selbst erzählt im Gottesreich-Gleichnis vom gütigen Vater, der nach dem eigensinnigen, auf Abwege geratenen Sohn ausschaut, und als er ihn in der Ferne als Bettler heimkommen sieht, ihm entgegeneilt, ihn umarmt und wieder als Sohn an- und aufnimmt. So packt Jesus den in den Wellen verzweifelt versinkenden Petrus bei der Hand und rettet ihn. „Aus Liebe seid ihr gerettet und das nicht aus euch" (Eph 2, 8); Gnade ist es, bedingungslos, unverdient. Wir können sie uns nicht selbst geben und nicht selbst machen. Gabe ist sie. In dem, was Jesus Christus in seinem Tod und seiner Auferstehung für uns und für die Welt ist und tut, erweist sich seine Liebe: was sein ist, seine Liebe, schenkt er uns, und was uns gehört, das Nicht-Liebenswerte, übernimmt er (2 Kor 8, 9) im „fröhlichen Wechsel und seligen Tausch", wie Luther im Bild sagt. Versöhnung, Gemeinschaft mit Gott, neues Leben schenkt er gegen Selbstverschließung und Gleichgültigkeit – und das umsonst, aus Gnade. Im gepredigten Wort des Evangeliums wird die „Gnade unseres Herrn Jesus Christus" heute zugesagt und verheißen den hörenden Herzen.

Ja, was meint Gnade? Das Sprichwort sagt: Junge Menschen fragen, was ist Gnade?- Ältere fragen: was ist nicht Gnade?

Es ist die Gewissheit, dass wir als Lebenselexier immer schon Beschenkte sind und in Jesus Christus von Gott angenommen und anerkannt.„Amazing grace" lässt dies anstimmen im Dank auch für die täglichen Gaben und jetzt für die frühsommerlich sprießende Schöpfung. „Die Gnade unseres Herrn Jesus Christus sei mit euch".

2.2 „Die Liebe Gottes sei mit euch".

Die Liebe Gottes – ein „glühender Backofen voller Liebe", wie M. Luther einmal andeutet, - offenbart sich und wird erkennbar und erfahrbar in Jesus Christus. In ihm wendet sich Gott uns zu als Liebender und schenkt Heil, Erlösung aus den Verstrickungen in Sünde und Tod. „Also hat Gott die Welt geliebt, dass er seinen eingeborenen Sohn gab, auf dass alle, die an ihn glauben, ... das ewige Leben erfahren" (Joh 3, 16). Die Liebe Gottes erhält segnend unsere natürliche Welt, seine gute Schöpfung, trotz menschlicher Zerstörung und gegen Tod bringende Fluchkräfte. Sie spiegelt sich auch in der Zuneigung Liebender, im Lichtschein des neuen Tages, und jetzt in der Blütenpracht der Gärten. Christian Fürchtegott Gellerts „Die Himmel rühmen des Ewigen Ehre" (Ps 19, 2-6, L. v. Beethovens Vertonung) und „die Liebe Gottes sei mit euch".

2.3 „Die Gemeinschaft des heiligen Geistes sei mit euch".

Die Gemeinschaft im Glauben durch den heiligen Geist wird der Gemeinde in Korinth zugesagt und verheißen. Der heilige Geist, der in die Gemeinschaft mit Christus führt, schafft und erhält zugleich den Glauben des einzelnen und der Gemeinde. Christsein und Gemeinde gehören zusammen. Individualistische Absonderung und trennende Spaltung werden oft vom Un- und Kleingeist angestachelt. Der heilige Geist, Band des Friedens, lässt Früchte des Glaubens hervorbringen: „Friede, Freude, Friede, Geduld, Freundlichkeit, Güte, Treue, Sanftmut, Verzicht" (Gal 5, 22). Und er lässt als Werke des Glaubens die guten Gaben der Vernunft, der Rede, der Hand, der menschlichen Erfahrung und Kompetenz zur Auferbauung der Gemeinde einsetzen. „Ein guter Baum bringt gute Früchte" (Mt 12, 33). Auch als „Angeld der Hoffnung" und Erstlingsgabe, soz. als Kredit, erweist er sich für das, was als Heil in Christus schon geschenkt ist und was sich vollenden wird in der endgültigen Gemeinschaft mit Christus. Und die Erwartung dieser Hoffnung spiegelt sich schon im nächtlichen

Gezwitscher der Vögel, z. B. der Amsel und des Rotkelchens, in der anbrechenden Morgenröte des neuen Tages.

„Die Gemeinschaft des heiligen Geistes sei mit euch".

Gnade, Liebe, Gemeinschaft des Gottesdienstes wird uns so als Geschenk des dreieinen Gottes verheißen. Ich sage klar: aus der Fülle des Geheimnisses des dreieinen Gottes wird uns seine unverfügbare Gegenwart zugesagt. Und in der liturgischen Feier des Gottesdienstes erfahren wir sie auf dem Weg „im Namen des Vaters und des Sohnes und des heiligen Geistes": ein Fest der Liebe des dreieinen Gottes zu seiner Gemeinde und zu dieser Welt. Am Anfang bittet die Gemeinde im Lied um den heiligen Geist. Es folgt das Sündenbekenntnis mit dem dreifache

„Kyrie" und dem Zuspruch der Gnade Gottes und das „Gloria": „Gelobet sei der Herr, des Name heilig heißt, Gott Vater, Gott der Sohn und Gott der werte Geist" (EG 139, 4). Das Sonntagsgebet und die Lesung des Evangeliums nimmt nun die Gemeinde mit dem dreimal erschallenden Halleluja und dem Glaubensbekenntnis der christlichen Kirchen hinein in Gottes universale Heilsgeschichte. Alsdann empfängt die Gemeinde mit dem Kanzelgruß die Zusage: „Die Gnade unseres Herrn Jesus Christus und die Liebe Gottes und die Gemeinschaft des heiligen Geistes sei mit euch". Auf die Predigt zum sonntäglichen Bibeltext antwortet sie mit dem Dank-, Bitt- Fürbitt- und „Vaterunser"-Gebet. Der Schlusschoral und die Verheißung des Segens des dreieinen Gottes: „Der Herr segne dich und behüte dich. Der Herr lasse sein Angesicht leuchten über die und sei dir gnädig. Der Herr hebe sein Angesicht auf dich und gebe dir Frieden" sendet die Gemeinde auf den Weg in den Alltag: als Gesegnete Segen sein und Segen weitergeben.

Gottes Gegenwart feiern wir im Gottesdienst. Keine historisierende Besinnung ist er, vielmehr: „Gott ist gegenwärtig. Lasset uns anbeten" und Gott preisen: das unverfügbare Geheimnis, über das kein größeres hinausgeht. Und der

Glaubende darf gewiss sein, dass Gott uns näher ist als wir uns selbst sind. Glaube meint das Grund legende, Leben bestimmende Vertrauen auf den Schöpfer alles, was er gut geschaffen hat und erhält; und uns ist er gut, wie er sich in Jesus Christus durch den heiligen Geist als der Liebende offenbart zu Heil und Segen. Erkennbar und erfahrbar macht er sich im verheißenden Evangelium. Hörende Herzen berührt es, zur Umkehr ruft es, Trost schenkt es, in Gottes Heilsgeschichte führt und beheimatet es. Es lässt neue Wege auftun, Werke der Liebe für die Schwachen zu tun, weise und mutig: als von Gott Geliebte, lieben, als von Gott Gesegnete Segen sein für andere.

Des dreieinen Gottes Heil und Segen wird uns heute am Sonntag Trinitatis zugesagt und verheißen mit dem Gruß des Apostel Paulus: „Die Gnade unseres Herrn Jesus Christus und die Liebe Gottes und die Gemeinschaft des heiligen Geistes sei mit euch". Antworten wir in unserem Alltag und jetzt: „Dem Geheimnis des dreieinen Gottes, der Vaters, des Sohnes und des heiliges Geistes, sein Dank und Lob" mit EG 139, 1 – 5.

Joh 3, 14 – 21: Gottes rettende Liebe bringt in meinem Tun der Wahrheit das Licht

Predigt an „Reminiscere" (16. 3. 2025) in der Peterskirche in Heidelberg

„Kanzelgebet: „Gedenke, Herr, an Deine Barmherzigkeit und an Deine Güte, die von Ewigkeit her gewesen sind". Amen. (Ps 25, 6). So läuten manche Kirchenglocke über den Dächern unserer Stadt: „Reminiscere"

„Der Buchstabe tötet, der Geist macht lebendig" – das spricht das Wort des Apostel Paulus in 2 Kor 3, 6 b uns in griechischen Buchstaben rechts über dem Eingang des Lesesaals unserer Universitätsbibliothek an: der Buchstabe ohne „den lebendigen Geist", aber eben auch ohne den heiligen Geist; dieser erst führt zum Erkennen und zum Tun des Erkannten.

Nikodemus, Gesprächspartner in der heutigen Predigtgeschichte, Pharisäer, Mann der gesellschaftlichen Elite, war im Dunkel der Nacht zu Jesus gekommen. Gehört hatte er von den Zeichen und Wundern, die Jesus tat; und der solche Zeichen tut, der müsse ein Lehrer von Gott sein. Aber eben Zeichen und Wunder sind kein eindeutiger Beweis. Sie bleiben im buchstäblichen Sinn doppeldeutig. Nikodemus sucht erhellende Aufklarung.: „Wer ist Jesus Christus?", „Wer ist Jesus Christus für uns heute?"

1. Gottes Liebe erfahren

Der Evangelist Johannes verkündet: „Also", houtoos, „Also" – gegen von Menschen erdachte Ideen und Erleben – „hat Gott die Welt geliebt", die ökumenische Weite der Welt, den ganzen Kosmos. Gottes Liebe offenbart sich eindeutig in Jesus Christus; Gott öffnet sein verborgenes Ich hinter seinem Du als „glühender Backofen", wie M. Luther einmal im Bild sagt. Gott macht konkret erkennbar und erfahrbar seine Liebe in Jesus Christus zu allen – und so auch zu uns. Auch liebt er meinen Gegner, Geschöpf Gottes bestimmt zum

Ebenbild Jesu Christi. Meinen schlimmsten Feind liebt er nicht weniger als mich. Pharisäer wären wir, wollten wir uns selbst und allein zu Lieblingen Gottes erklären. Weil Gott die ganze Welt liebt, liebt er auch uns.

Doch das menschliche Herz hat die Gemeinschaft mit Gott zerrissen, Gottes Willen zum Leben vergessen, unter der korrumpierenden Macht der Sünde das Leben verwirkt.

Gott und Sünde haben nichts gemein – und dennoch liebt Gott diese Welt. Dieser Welt wendet er sich zu, indem er den eingeborenen Sohn hingibt im Gekreuzigten, erhöht zu unserem auferstandenern Herrn, Kyrios. Lebensretter ist er; Quelle des neuen Lebens ist er, der sagt: „Ich lebe und ihr sollt auch leben" (Joh 14, 19). Ja, „Gott erweist seine Liebe zu uns darin, dass Christus für uns gestorben ist, als wir noch Sünder waren"; so die Botschaft des Wochenspruchs heute (Röm 5, 8).

Und Nikodemus? Beeindruckt von den gehörten Zeichen findet er noch keine Aufklarung. Das Wort Gottes „Also", „also hat Gott die Welt geliebt", das Wort vom Licht in der Finsternis, vom Leben gegen Sünde und Tod findet noch kein hörendes Herz bei ihm.

2. Gottes Rettung ergreifen

Ziel der Liebe Gottes ist die Rettung der Welt. Seine Liebe in Jesus Christus schafft Versöhnung, Gemeinschaft und Frieden mit Gott., wie auch der Apostel Paulus in der gehörten Schriftlesung des Römerbriefs verkündigt (Röm 5, 1). Dieser vertrauenden und zutrauenden Liebe können sich Menschen anvertrauen. Dieser Zusage dürfen sie zusagen, von dieser Verheißung sich ansprechen lassen. In diesen Hoffnungsschein können sie sich hineinnehmen lassen von dem, der sagt: „Ich bin das Licht der Welt. Wer mir nachfolgt, wird - bei allem dunklen Schatten - nicht in der Finsternis bleiben" (Joh 8, 12). Das meint: Glauben, das unbedingte, Leben bestimmende Vertrauen auf den, der die Welt so geliebt hat, dass er seinen eingeborenen Sohn gab. Allen soll das Leben , das neue Leben aus Wasser und Geist, geschenkt werden, Leben, jetzt und in Ewigkeit.

Dies ist das Ziel der liebenden Zuwendung Gottes. Die Wirkung aber ist anders: die Menschen, verstrickt in die blendende und verblendende Finsternis, die der Schein des Lichtes als glänzende Gestalt des Bösen enthüllt, wollen das Licht nicht wahrnehmen. Sie wollen nicht hinschauen. Sie verschließen sich und schließen sich selbst aus von der Liebe Gottes. Sie richten sich nicht aus auf dieses Licht und sind gerichtet.

Im Nachtgespräch weist Jesus den thorakundigen Nikodemus auf das Zeichen der ehernen Schlange (Num 21, 4 – 9). Wir erinnern uns: dem Volk Israel war der Weg durch die Wüste war mit all seinen Entbehrungen und Strapazen zu lang geworden. Trotz der tagtäglich immer neuen Hilfen Gottes murrt das Volk: Hätte, wäre... Das Volk murrt immer wieder. Da reißt der Geduldsfaden. Gott schickt feurige Schlangen, die Sterben und Tod bringen. Mose bittet für das Volk. Und Gott lässt Mose eine eherne Schlange an einer Fahnenstange erhöhen wie beim Askylabstab. Leben wird es bringen dem, der weg sieht von den Tod bringenden Schlangen hin auf die eherne Schlange - wirkmächtiges Zeichen des Lebens wird sie ihm. Verborgen unter dem Zeichen des Todes schafft und schenkt sie Leben neu.

Jesus geht jetzt zu auf die „Stunde" seines Todes, wie der Evangelist Johannes bezeugt, auf das Kreuz und seine Stellvertretung „für uns". Er wird niedrig und gering, einer wie wir; der Tiefpunkt seines Weges und der Tiefpunkt der ganzen Menschengeschichte: ein Wechsel und Tausch uns zugut. Und da ist der Auferstandene als Tod des Todes an der Stange des Kreuzes. So bezeugt Johannes, von der Auferstehung Jesu Christi her, die österliche Erhöhung des Menschensohns. Der Erniedrigte ist „für uns" als der Erhöhte. Aufschauen zum gekreuzigten Auferstandenen mögen die Menschen, in Angst verkrümmt, hinsehen, weil schon von Gottes Liebe ersehen und angesehen.

Und sie erkennen, weil schon von Gott in Christus erkannt als Kinder Gottes.

Denn „ist jemand in Christus erkannt, so ist er eine neue Kreatur; das Alte ist vergangen, siehe, Neues ist geworden" (2 Kor 5, 17).

Und Nikodemus, kundig in der überkommenen Thora und im Buchstaben des Gesetzes? Er studiert das bloße Zeichen. Seine Augen bleiben gehalten. Es kommt nicht zu Augenblick des Blickkontakts mit dem im Zeichen Bezeichneten, mit dem, der sich selbst erniedrigt hat und von Gott erhöht wurde, sodass all Zungen bekennen, dass Jesus Christus der Kyrios ist" (Phil 2, 7, 9, 11).

Nikodemus Augen waren gehalten, weil er sie gehalten hielt vom Finsteren und ihrer Verstrickung und Verblendung durch das gottferne Tun der Menschen.

3. Gottes Wahrheit tun

Wer kommt zu dem Licht, das Leben, neues Leben schafft und schenkt ?. Der Evangelist Johannes schreibt kurz: „Der die Wahrheit tut". Jesu Antwort ist kurz und konkret. Sie unterscheidet sich völlig von dem, was Nikodemus meint und versucht.

Nikodemus, der Gelehrte, er beobachtet, sammelt Fakten, analysiert, ordnet Argumente für und gegen die Lösung eines Problems, das sich ihm stellt. Er selbst bleibt außen vor, distanziert, skeptisch; nichts soll hinter's Licht führen können

Für Nikodemus ist es die „Wie"-Frage, die ihm Rätsel ist und ihn problematisierend umtreibt: „Wie kann ein Mensch geboren werden, wenn er alt ist?", „Wie mag das zugehen?", Wie?

Im Nachdenken, Suchen nach einer vernünftigen Lösung, im Grübeln und Argumentieren entfernt er sich immer mehr der eigentlichen Frage des Nachtgesprächs „Wer bist Du?". Die Wie-Frage verstellt die Wer-Frage. Nikodemus lässt die Wer-Frage, die ihn persönlich anspricht, die ihm persönlich gilt, nicht an sich heran. Er bleibt auf der Suche.

Wer kommt zur Klarheit? - „Der die Wahrheit tut". Im Problematisieren drohen wir uns in uns selbst zu verstecken. Nicht durch Grübeln und Nachdenken gelingt der Durchbruch zur Entscheidung, zum Anerkennen, zur Tat – aber auch nicht zu irgendeinem Tun. Keine Werk- und Denkgerechtigkeit, um sich selbst im Denken allein zu rechtfertigen. Es geht um Entscheiden hin zur entscheidenden Tat, zum klarenden Tun der Wahrheit. „Die Wahrheit selbst wird dich durch dein Tun zum Licht bringen", schreibt D. Bonhoeffer 1937 in der Predigtmeditation zum heutigen Predigttext (GBW-Ergänzungsband, Gütersloh 2013, 576). „Die Wahrheit selbst wird dich durch dein Tun zum Licht bringen", aus menschlichem Grübeln und klugen Diskutieren heraus zur Gewissheit des Glaubens im Tun der Liebe. Die Wahrheit enthüllt sich als Gottes Liebe in dem der sagt: „Ich bin die Wahrheit" in unserer, ja, in deiner Liebe zum Nächsten.

Ja, „wer ist Jesus Christus?, Wer ist Jesus Christus für uns?". In Jesus Christus kommt Gott zu auf uns, wird, was wir sind, damit seine Liebe auch in uns ermächtigt und wirkkräftig ist. „Gottes Liebe ist ausgegossen in unsere Herzen durch den heiligen Geist" (Röm 5, 5), so die Schriftlesung heute, damit wir mit seinem Wort unter der Leitung der Wahrheit leben und sie tun: nicht im Möglichen schweben, sondern Gottes guten Willen zum Leben tun für das, was nach Gottes Gebot gut ist, was zu mehr Gerechtigkeit und mehr Frieden dient und dem Wohl der „Armen" ohne Stimme.
Da widerstehen wir dem Gesetz des Bösen mit der aufklarenden Tat des Guten durch die Kraft des heiligen Geistes.
Und da folgen mit der Bitte „Gedenke, Herr, an deine Barmherzigkeit, auch wir dem Ruf Jesu „Seid barmherzig!" , u. zw. konkret.

Der kluge thorakundige Nikodemus bleibt auf der Suche bei der Frage „Wer ist Jesus Christus? - Und wir? Wer ist Jesus Christus heute für uns?"

„Der Buchstabe tötet; der Geist macht lebendig" für konkrete „Werke in Gott getan", wie es im Predigttext heißt. Beten wir: „Reminiscere. Gedenke, Herr an deine Barmherzigkeit" (Ps 25, 6) und so auch wir barmherzig seien durch die Liebe Gottes „uns zugut" in Jesus Christus.

Und der Friede Gottes, der höher ist als unsere Vernunft, bewahre uns im Glauben an ihn, unserem Bruder und Herrn. Amen.

Das Buch Tobit: „Das Hündchen des Tobias"

Peterskirche am 27. 1. 2024

Da sind zwei Menschen am Ende. Mit dem Schrei aus der Tiefe bitten sie verzweifelt Gott um ihr Ende. Tobit, gottesfürchtig, durch einen Unfall erblindet, arbeitsunfähig, darum abhängig von seiner Frau, die ihn demütigt und wegen seiner Frömmigkeit verspottet. Sara, die Tochter Raguels, verschmäht und verlacht von ihrer Magd, weil ihr sieben Männer in der Hochzeitsnacht vor Vollzug der Ehe entrissen wurden. Sie beten. Bei großer örtlicher Distanz bringen sie zur gleichen Zeit ihr Leid vor Gott. Beide werden in besonderer Weise erhört, so erzählt die Apokryphe „Tobit". Und da ist ein kleiner Hund – nur zweimal wird es kurz erwähnt (Tob 6, 2; 12, 4); auf Gemälden, wie von Rafael, ist es zu sehen – der all dies wahrnimmt. Das Hündchen will ich erzählen lassen.

Ja, ein kleiner Hund bin ich. Alles aber habe ich miterlebt. Ich lief hinterher und ich lief voraus auf dem weiten Weg von Ninive nach Ekbatane und zurück. Ich bekam alles mit, was da geschah zwischen Tobias, dem Sohn des Tobit, und dem Fremden, seinem Begleiter. Hunde spüren, was da geschieht; sie spüren, wenn etwas beängstigend oder beglückend passiert. Und ich spürte, dass etwas ganz besonderes geschieht auf diesem Weg.

Habe ich euch vielleicht etwas neugierig gemacht, ich, das „Hündchen des Tobias"?

Tobias ist mein Herr; bei seinem Haus habe ich meine Hütte. Heimatvertrieben lebt er im assyrischen Exil. Vorläufige Heimat in der Fremde hat er mit seiner Frau Hanna und dem Sohn Tobias gefunden in Ninive. Ein Gottesfürchtiger, ein Glaubender mit Weisheit begabt, ist Tobit. Er lebt in der Gewissheit des täglich neuen Erbarmens Gottes zu ihm im Dank und Lob an Gott. Er ist da für Andere, gibt Almosen und teilt mit den Armen und lebt so Barmherzigkeit. Und seine Barmherzigkeit zeigt sich besonders, wenn er – was sich in den antijüdischen

Konflikten mit Gewaltausbrüchen im gottvergessenden Ninive häufig ereignete – umgebracht liegen gelassene Landleute heimlich bestattete. Das war vom damaligen Herrscher bei Strafe verboten. Dem göttlichen Gebot gehorchend gegen von Menschen gemachtes Unrecht begrub er heimlich bei Nacht die Toten. Zuchthausstrafen nahm er auf sich.

Einmal hatte ihn die nächtliche Arbeit so erschöpft, dass er sich hinsetzte und einschlief. Gerade als er erwachte und die Augen öffnete, traf diese ein Schwalbenschiss. Die Augenlinse wurde trüb; er konnte nicht mehr sehen. Er konnte auch nicht mehr arbeiten; Armut kehrte ein ins Haus. Seine Frau sorgte nun allein als Weberin für den Lebensunterhalt. Da nahmen dann ihre Vorhaltungen, die Spöttereien gegen den gottesfürchtigen Ehemann und sein Frömmigkeit ständig zu. Sie schmerzten den blinden Tobit; sie trieben ihn in tiefe Verzweiflung. Er betete zu Gott in seiner Not. Er betete um sein Ende.

Gleichzeitig – und das hörte ich erst später sagen - richtete in Ekbatane im fernen Medien Sara, einzige Tochter des Raguel, verzweifelt ihren Schrei an Gott: sieben Männer wurden ihr nacheinander in der Hochzeit vor der Vereinigung vom Tod beseitigt. Nun blieb auch ihr nur die Bitte um frühen Tod. Schrecklich! Aber – und nun staunt und freut euch mit mir, mit dem Schwanz wedelnden Hündchen: Es kam ganz anders.

Da war es nun so weit. Jetzt sollte unsere Reise nach Medien losgehen. Eine weite Reise ist es mit den täglichen Wegstrecken, den Rastplätzen, den alltäglichen Dingen wie essen, trinken, ausruhen und schlafen. Eigentlich ist nichts besonderes dabei - und doch, wie ich mit meinem Gespür wahrnahm, etwas sehr besonderes.

Mein Herr Tobit hatte vor Jahren einen nicht geringen Geldbetrag von 10 Talenten bei einem entfernten Verwandten Gabael hinterlegt; er wohnt Medien, in Rages unweit von Ekbatane. Nicht zuletzt auch durch Tobits Erblinden soll nun der junge Tobias vertragsgemäß das Geld zurückholen. Für das Vorhaben wird ein zuverlässiger und vertrauenswürdiger Begleiter gesucht. Ich staunte nur, wie schnell dieser Begleiter erschien, ein Fremder, der in seinem vernünftigen Reden und Raten immer immer etwas besonderes zeigte. In all den alltäglichen Begegnungen und Geschehnissen erschien er mir ja wie ein Geschenk vom Himmel.

Wir brachen also auf, begleitet vom Segen des gottesfürchtigen Tobit. Hanna freilich gab ihrer angstvollen Klage beim Abschied heftigen Ausdruck, weil Tobias, ihr einziger Sohn, sie nun allein zurück liess.

Am Abend eines langen Tagesmarsches, nach anstrengender Wanderung wusch Tobias seine Füße im Fluß. Ich erinnere mich genau an das plötzliche Brausen und laute Schäumen. Ein großer Fisch biß nach Tobias Fuß. Dem Schreienden rief in dem Moment unser Begleiter zu: Faß ihn bei der Flosse und schleudere ihn ans Ufer. Entnimm ihm Herz und Leber als Arznei gegen todbringende Kräfte. Auch die Galle nimm als Heilmittel für die Augen. Diese klare Anweisung verwunderte mich schon damals. Es ging ja nur um natürliche Heilmittel; aber sie mussten wohl eine weitere Bedeutung haben. Wir verspeisten dann den Fisch gemeinsam.

Ein paar Abende später kamen wir kurz vor Ekbatane an. Unser Begleiter verkündete auf einmal – ich kann es nicht anders sagen - eine erstaunliche Botschaft: Bei Raguel können und sollen wir übernachten. Und, dessen einzige Tochter Sara, sei Tobit vom Himmel bestimmt zur Frau. Wohl wusste er um die familiären Beziehungen – aber wie konnte er so Zukunft weisend sprechen? Ich spürte es; ja, ich hielt ihn für einen besonderen Begleiter, für einen Boten Gottes.

Man kam dann in Ekbatane überein; man freute sich der familiären Beziehungen. Und der Vater Raguel und die Mutter stimmten der Verbindung tatsächlich zu. Sara ist schön und von Haus aus vermögend. Die Hochzeit wird auch fröhlich gefeiert.

Dann aber in der Hochzeitsnacht begleitet die Mutter Sara weinend zur Kammer. Raguel beginnt in Erwartung des nach sieben Mal, nun zum achten Mal zu erlebenden Unglücks der Tochter ein Grab für Tobias zu schaufeln. Ganz anders das verliebte Brautpaar. Als sie in das gemeinsame Gemach gehen, räuchert Tobias zuerst, dem Rat seines Wegbegleiters vertrauend, mit Herz und Leber des Fisches auf Holzkohle das Zimmer. Und dann – wie ich später Tobias erzählen hörte – hat er zusammen mit Sara lange gebetet zu Gott, sich ihm anvertrauend. Erst dann schliefen sie als glückliches Paar miteinander. Die Tod bringenden Kräfte eines bösen Dämon waren weg.

Großes Glück erlebte ich am anderen Morgen. Freudiges Jauchzen und Dankrufe erfüllten die Luft. Raguel ließ schnell das Grab zuschütten. Saras Vater und Mutter umarmten die Kinder; auch ich sprang an ihnen hoch, schleckte an ihren kraulenden Händen; unser Wegbegleiter hob mit Dank beide Hände gen Himmel. Freude über Freude!

Es wurde dann noch der Auftrag des Tobit erledigt: die bei Gabael in Rages hinterlegten Silbertalente holte unser Begleiter; und zum großen Familienfest in Ekbatane lud er Gabael ein.

Zufrieden und mit der reichen Mitgift Saras zog unsere Karawane dann heim nach Ninive. Glück und Segen in Rat und Tat brachte der Bote Gottes, wie mir immer klarer wurde. Für Tobias war er bloß vertrauenswürdiger Begleiter und guter Ratgeber.

Inzwischen erwarteten Tobias Eltern sehnsüchtig den Sohn. Der gottesfürchtige Tobit war gewiss, dass alles gut wird; Hanna schaute unsicher nach dem Sohn aus und wartete von Angst erfüllt. Kurz vor Ninive eilten dann Tobias, der Begleiter und ich, wie ihr euch denken könnt, freudig bellend, der Karawane voraus. Und da beim herzlichen Treffen von Tobit und Tobias passierte das, was unser Weggefährte auch weitsichtig geraten hatte: Tobias hauchte über die erblindeten Augen des Vater, bestrich sie mit der Galle des Fisches und siehe: Die Trübung der Augenlinsen löste sich auf. Mein Herr konnte wieder sehen. Ein Wunder ist es durch die naturkundliche Arznei unseres Gefährten. Ja, ein ganz besonderer war er, wie ich von Anfang an spürte. Tobias und Tobit erkannten ihn noch nicht. Sie wollte ihn reich belohnen, u. zw. mit der Hälfte ihrer Güter.

Jetzt aber – ein kaum wiederzugebender Augenblick - stellte er sich endlich selbst vor: „Ich bin Rafael", Rafael, der besondere Begleiter und Bote Gottes, der rät und heilt. Gott, zu dem Tobias und Tobit und Sara und eigentlich auch ich beteten, ihm immer wieder dankten und priesen – denkt euch: er, der Erzengel Gottes, ist uns ganz nah in unserem alltäglichen Erleben und Erfahren; er begleitet und rät, bringt Glück und Segen, führt durch die Finsternis zum Licht: Ja, „die Furcht Gottes ist aller Weisheit Anfang" (Spr 1, 7).

Und „da priesen und lobsangen sie Gott und dankten ihm für seine großen Werke, und dass ihnen ein Engel Gottes erschienen war" (12, 21).

Und mir, dem kleinen Hund, wurde klar: „Wer Barmherzigkeit übt, wird mit Leben, gelingendem und gutem gesättigt" (12, 9).

Und schließlich gilt diese Verheißung auch uns im Exil, uns hier, die „keine bleibende Stadt" in Assyrien oder in Medien haben, die auf dem Weg nach dem heimatlichen Jerusalem, und auch dem himmlischen Jerusalem, sind.

Soweit das „Hündchen des Tobias".

Und die Botschaft des Buches „Tobit"?

Eine märchenhafte Liebesgeschichte zweier, die für einander bestimmt sind und glücklich zu einander kommen, erzählt das das apokryphe Buch. Auch wird Hoffnung prophezeit für alle in der Fremde, dass Gott sie zur verheißenen Heimat führen wird. Ebenso ist es ein Erfahrungsbericht, dass Gott inständige Gebete hört und nach seinem Willen erhört. Und als weisheitliche Novelle zeigt sie, dass Gott im alltäglichen Erfahren und Widerfahren da ist und durch himmlische Boten, auch die mit menschlichem Antlitz, wunderbar wirkt und hilft, wie der Gottesfürchtige gewiss ist im Dank und Gotteslob.

Viele Aspekte und Dimensionen eröffnet die Erzählung von Tobit und Tobias auf dem Weg. Das „Hündchen des Tobias" aber hat viel früher als die Menschen das Besondere, das Wunderbare im Alltäglichen wahrgenommen. Irgendwie spürte und glaubte es voraus: Gott ist da. Das Gebet vermag viel. Gottes Barmherzigkeit ist groß.

Gottes Segen begleite und geleite uns - wie Tobit und Tobias – auf unseren Wegen. Amen.

Eph 1, 6a: „zum Lob seiner herrlichen Gnade" Johannes Calvin – Reformator des christlichen Lebens

1. Ein Strenge ausstrahlendes, vergeistigtes Gesicht zeigen die Gemälde von ihm. Zugleich schauen große, freundliche Augen den Betrachter an. Johannes Calvins Gesicht auf Bildern und auf dem Genfer Reformationsdenkmal ist geprägt von in Umbrüchen befindliche Kirche und Welt. Es spiegelt seine sperrige Person und sein spannungsreiches Wirken.

Da ist zum einen er, der Flüchtende, Asyl suchend, oft krank und schwach, zum andern aber der kraftvoll Gestaltende mit enormen Arbeitspensum. Bescheiden und empfindsam hilft er Flüchtlingen und Notleidenden, bemüht sich um Einigung der Konfessionen; zugleich verfolgt er kompromislos die sittliche Ordnung und hartnäckig die reine Lehre in Kirche und Stadtstaat. Er akzeptiert demokratische Entscheidungen, das Recht auf Widerstand und bejaht doch die theokratische Organisationsform. Er verbindet frommen Erwählungsglauben mit dem Kalkül kapitalistischen Fortschritts, Anspruch des Wortes Gottes auf alles Leben mit humanistischer Bildung.

2. Entscheidend, „Sache" und Kern betreffend, ist für Calvin das Wort Gottes heiliger Schrift. Gott spricht heute. Und wo Gott spricht, wird Gottes Wille wirksam, weil es in Dank und Dankbarkeit Resonanz findet. Gedrängt vom Wort Gottes wird die geistgewirkte Gemeinschaft mit Jesus Christus im Leben sichtbar zur Ehre Gottes. Die Verehrung der Majestät Gottes und die Gemeinschaft mit Christus findet durch die Glaubenden Gestalt in Kirche und Gesellschaft. Betroffen vom Willen Gottes in seinem Wort wird Gott verherrlicht im Leben der Glaubenden durch den heiligen Geist.

Das Wort des lebendigen Gottes, „Sache" und Kern, erweist sich als Quellgrund christlichen Lebens. Darum geht es – bei manchen Spannungen und Diskrepanzen in seinem Leben – dem Genfer Reformator in seinen mehr als 2000 Predigten, beim Unterrichten des juristisch ausgebildeten Theologen, in seinem systematisch-theologischen Werk „Der Unterricht in der christlichen Religion", beim Abfassen der Genfer Kirchenordnung und des Genfer Katechismus, in den konfessionellen Einigungsgesprächen, bei den Gutachten für Disziplinar- und Häresieprozesse. Quellgrund war das Wort Gottes bei den vielen Trost- und Seelsorgebriefen an die verfolgten Protestanten der französischen Heimat, die Asyl und Hilfe suchten durch ihn. Und das gilt auch für seinen unermütlichen Eifer bei der Organisation der Kirche und des Gemeinwesens in Genf.

Konzentriert konnte K. Barth am 27. 5. 1964 zum 400. Todestag des Genfer Reformators schreiben: „Calvin war kein Held und eignet sich nicht zur Heldenverehrung. Er wollte (…) nur eben der erste Diener des göttlichen Wortes in der christlichen Gemeinde der Stadt Genf (…) sein. Er wollte aber weder verehrt, noch bejubelt, noch auch nur geliebt, sondern eben als Zeuge der Sache, der er sich (…) verpflichtet wusste, gehört sein" .

3. Das Wort Gottes – so der „erste Diener des göttlichen Wortes" – findet den Weg zum Menschen. Es drängt ihm auf, was gut für ihn ist: den Sünder ruft es zur Umkehr in die Gemeinschaft mit dem gekreuzigten und auferstandenen Jesus Christus; durch den heiligen Geist gibt es Teil am „christlichen Leben" nach Gottes Willen und zur Ehre Gottes. Denn wenn Gott ruft, lässt er den Menschen nicht ruhen, sondern stößt ihn immer weiter, bis er ihn zur Vollendung bringt bei sich.

Calvin hat das „christliche Leben" im Blick. Sein Predigen, Denken, Schreiben und Organisieren zielt auf den gelebten Glauben der Christen. Sein „Goldenes Buch des christlichen Lebens" fand darum über Generationen weite Verbreitung. Bei dieser pastoralen Handreichung handelt es sich um den Teildruck Kapitel 6 - 10 aus dem III. Buch des „Unterrichts in der christlichen Religion" mit der bezeichnenden Überschrift des Übersetzers Otto Weber:

„Auf welche Weise wir der Gnade Christi teilhaftig werden, was für Früchte uns daraus erwachsen und was für Wirkungen sich daraus ergeben". Die christliche Lebensordnung des „Goldenen Buches ..." fand Gehör in den Gemeinden als Zusage, Gebot und Regel für das eigene und gemeinschaftliche Leben nach Gottes Willen.

Es handelt sich um pastoral-ethische und seelsorgliche Anweisungen im Hören auf die biblischen, besonders auch alttestamentlichen, Zeugnisse als Zusage des Willens Gottes.

Den Genfer Katechismus hat Calvin auf die 1. Frage konzentriert und von ihr her „christlich glauben und leben" analytisch entfaltet. „Was ist der Sinn des menschlichen Lebens" wird alle Menschen angehend gefragt. Die Antwort lautet: „Die Erkenntnis Gottes". Erkenntnis Gottes und unsere Selbsterkenntnis aber gehören zusammen.

Reich begabt sind wir Menschen. Alle Gaben des täglichen Lebens, wie überhaupt unser Dasein, haben wir nicht von uns selber. Sie lassen Gottes Menschenfreundlichkeit erahnen, wahrnehmen und erkennen u. zw. in Dankbarkeit und dankendem Gebet. Entsprechend erkennen wir erst im Angesicht Gottes, seiner Majestät und Gerechtigkeit, unser Leben, unsere Zeitlichkeit und Ungerechtigkeit, Gottes Rechtfertigung aus Gnade und seinen Willen zum „christlichen Leben" in der Gemeinschaft mit Jesus Christus durch den heiligen Geist jetzt und hin auf die Vollendung bei Gott. Spiegel von Gottes „herrlicher Gnade" und freundlicher Vorsehung soll „christliches Leben" sein zur Ehre Gottes und seiner Gerechtigkeit.

Als pastoral-ethisches Gebot und seelsorglichen Rat ruft Calvin in die Nachfolge Christi und weist auf Geduld und Gehorsam als Abbild der Treue Gottes. Nachfolge schließt mit Mk 8, 31 – 38 ein Selbstverleugnung: die Auflösung menschlicher Selbstbindungen und die Löslösung für die Freiheit, Gott und seinem Willen allein die Ehre zu geben. Auch gehört Leiden mit

Christus um der Gerechtigkeit willen dazu; so wird „Christus in uns verherrlicht" (1 Petr 4, 12f). Konkret denkt Calvin an die hugenottischen Glaubensgeschwister, die um des Glaubens willen verfolgt werden.

Nachfolge in der Gemeinschaft mit Jesus Christus meint eben den „rechten Gebrauch der irdischen Güter" (10,1). Als Gaben Gottes sind sie mit Augustin Unterscheiden zwischen Verehren, „frui", was allein Gott gebührt, und Benutzen, „uti", was dem Geschaffenen angehört, zu gebrauchen.

Dabei geht der Reformator mit Aristoteles den mittleren Weg - in Ablehnung von Weltverneinung und egoistischer Gier – den Weg der Gottes- und Nächstenliebe im Dank für die Beschaffenheit der Welt: in der Freude Gottes gründet sie. Gott hat die Natur mit ihrer Schönheit in Pflanzen- und Tierwelt „ zu unserem Besten geschaffen" (10, 2) und, weil der Mensch kein „Holzklotz" ist, sondern mit Sinnen begabt (1o, 2), zu unserem Staunen, zu unserer Freude, zu unserem Dank.

Nachdrücklich mahnt er darum an den „dritten", den pädagogischen , Gebrauch des Gesetzes als Wille Gottes im „christlichen Leben"; er warnt vor der Begierde und ihren Folgen, wenn die Gabe Gottes durch Vergessen des Gebers von Menschen als letztgültig gewertet wird, weil er sein Herz daran hängt.

Gegen relativierende und individualisierende Auslegung hat für Calvin das Gesetz Geltung für das „christliche Leben". Sittenstreng wurde es in der Kirchenzucht durchgesetzt von den Ältesten der Gemeinde, die der Reformator neben Pfarrer, Lehrer, Diakon mit der Leitung betraute.

Ja, neben der Freude über die Freundlichkeit Gottes ließ Calvin Strenge in der Lebensführung der Gemeinde walten. Ging es doch um das geheiligte Leben als Erweis der Wohltaten Gottes. So scheint schon die Erwählung für das ewige Leben auf. Da, wo Gott spricht, strahlt Gottes Wille für Gerechtigkeit und Heil. Da wird Erwählung und Vorsehung erfahren und erkannt.

Indem jetzt nach der Vollendung im ewigen Leben getrachtet wird, wird „christliches Leben" sichtbar gestaltet „zum Lob der herrlichen Gnade Gottes"

(Eph 1, 6). Beten, zentriert im Vaterunser, ist „die vornehmste Übung des Glaubens", so Calvin im „Unterricht ..." III, Kap 20; es wird hinein- und aufgenommen in Gottes vorsehendes Handeln.

4. Im „Goldenen Buch des christlichen Lebens", wie in all seinem Wirken erweist sich Calvin als „Reformator des Lebens" in Kirche und Gesellschaft. Unter dem Titel „Das christliche Leben" wurde dann K. Barths Ethik der Versöhnungslehre als Entfaltung des Vaterunser-Gebets veröffentlicht.

Auch wir lassen uns hineinnehmen in das von diesem Reformator so erkannte „christliche Leben": als Antwort auf das Wort Gottes beten wir Calvins Morgengebet:

„Mein Gott, mein Vater und mein Erretter.

Da es Dir gefallen hat,

Mich durch Deine Gnade zu bewahren

während der Nacht, die zu Ende geht

bis zum Tag, der beginnt,

Mach, dass ich ihn ganz in Deinen Dienst stelle.

Und dass ich nichts denke, nichts sage, nichts tue als,

Was nicht Dir gefallen möge.

Und dass ich Deinem heiligen Willen gehorche,

Damit all mein Handeln beiträgt

Zum Ruhme Deines Namens und zum Heil meiner Brüder.

Und da Du sogar für dieses irdische Leben

Deine Sonne auf die Welt scheinen lässt,

Mögest Du auch meinen Verstand erleuchten

Durch die Klarheit Deines Geistes,

Um mich auf dem Pfad der Gerechtigkeit zu leiten.

So, oh mein Gott

Worum auch ich mich bemühe

Möge immer mein Ziel sein, Dir zu dienen und Dich zu ehren

Indem ich all mein Wohl allein von Deinem Segen erwarte

Und dass ich nichts unternehmen möge

Was Dir nicht angenehm sei.

Mache auch Herr:

Dass, obwohl ich für meinen Körper arbeite

Und für das hiesige Leben,

Ich meine Seele höher erhebe

Bis zu diesem himmlischen und glückseligen Leben,

Welches Du für Deine Kinder vorbehältst". Amen.

„Dennoch-Vetrauen".

Predigt mit der Dichterin Hilde Domin in Schwetzingen am 13. 3. 2022

1. „Nur eine Rose als Stütze", so lautet der Titel ihres ersten Gedichtbandes von 1959.

„Wir setzen den Fuß in die Luft und sie trägt" spricht ihr Grabstein auf dem Heidelberger Bergfriedhof. Am 22. 2. 2006 starb die jüdische Dichterin als Ehrenbürgerin Heidelbergs.

„Nicht müde werden
sondern dem Wunder leise
wie einem Vogel
die Hand hinhalten" lautet das wohl bekanntestes ihrer Gedichte mit schwingendem, weit machendem, lyrischen Ton.

2. Worte sind es, die wir kennen, weil sie in uns klingen, Sätze leicht, bildreich, schön. Die Sprache berührt, bewegt, entgrenzt.
Das Wort im Rauschen der Wörter wird sie. Und über den Genuß ästhetischer Schönheit erblicken Leser und Hörer in diesem Gedicht wie im Spiegel das Bild von sich und ihrer Situation. Und weiter klingt, ungereimt, mit freien Rhymen wie ein Ohrwurm, das Wort in den Worten. Es spricht in die Situation der Menschen; es klingt wider im Menschen, verachtet, ausgeschlossen, verwundet, heimatlos.
Ohne Heimat war sie, Hilde Domin, vertrieben, erniedrigt, auf der Flucht. Ihr Künstler-Name Domin weist auf die dankbar erfahrene Asylzeit der Jüdin Hildegard Dina Löwenstein in der Dominikanischen Republik. Die Tiefe von erlebter Diskriminierung und Flucht, von Exil und Fremde spricht sich aus im

Gedicht, für die Dichterin mit dem Ruf des Pilatus im Gedicht „Ecce homo" (Joh 19, 5):

„Weniger als die Hoffnung auf ihn

das ist der Menschen

einarmig

immer.

Nur der gekreuzigte

beide Arme

weit offen

der Hier-Bin-Ich".

Alles Leid der Welt nimmt dieser in seine beiden Arme; er identifiziert sich mit jeder Verwundung, Mißhandlung und Schmerz der jüdischen Menschen wie überhaupt aller Menschen, mit dem Schrei und der Klage der wegen religiöser und politischer Überzeugung Verfolgten. Der Leidende „Hier-Bin-Ich" - der „gekreuzigte", von der Dichterin klein geschrieben, - repräsentiert die Kreuze der Welt und die Kreuze der Welt finden sich wieder in ihm.

3. Das Wort, das eine, es spricht, es verändert wunderbar, es wirkt – wie die Dichterin sagt – das „Wunder" des „Dennoch-Vertrauen" . Es ist das „Dennoch" des „Aber" der hebräischen Klage, ein Lebewort. „Dennoch-Vertrauen", das „schwerste ABC" ist es, weil doch alles dagegen zu sprechen scheint: Ungerechtigkeit und Haß, die Verfolgung und das Böse, Leid und Tod. Ohne Vertrauen, verspielt oder verloren, wird nichts gut. Der Verlust an Vertrauen macht alles kaputt im Privaten und Gesellschaftlichen, in Ökonomie und Politik, in Schule und Kirche, wie wir wissen und erfahren. Ohne Vertrauen, ohne dieses Grund legende und tragende Grundvertrauen, gedeiht gutes Leben und Zusammenleben nicht. Hilde Domin schreibt: „Das Hauptwort in meinem Lebensbericht ist: Vertrauen, sich erneuerndes

Vertrauen, widerständiges Vertrauen, Dennoch-Vertrauen".

4. Dieses „Dennoch-Vertrauen" verbindet sich und korrespondiert mit der Zusage und dem Ruf des hebräischen Prophetenspruchs: „Fürchte dich nicht". Die „Dichterin des Vertrauens" Hilde Domin gibt ihm lyrischen Ausdruck im Gedicht „Fürchte dich nicht":
„Die Rose sagt:
Fürchte dich nicht
meine Blätter sind heute
ganz stabil.
Kein Windstoß wird mich
vor deinen Augen
entblößen.

Der Baum atmet Vertrauen
und will daß ich mich anlehne.
Er sei bestimmt
nicht angehackt.

Das Vogelei
auf der Astgabel
hält das Versprechen
der kleinen weißen Balance.
Es ruht stille im Wind
bis den bangen Augen im Dotter
ein Federbalg wächst
der auf den Zweig fliegt
und singt."

„Dennoch-Vertrauen" im Zusammenklang - leicht, bildreich, schön - mit dem „Fürchte dich nicht" eröffnet Zuversicht, setzt Hoffnung frei. Wie ohne Vertrauen, so ohne Hoffnung gibt es kein Leben.

„Der Baum atmet Vertrauen
und will, daß ich mich anlehne …
Das Vogelei
ruht stille im Wind
bis den bangen Augen im Dotter
ein Federbalg wächst
der auf den Zweig fliegt
und singt."

In ihrem Vortrag „Wozu Lyrik heute" erklärt die Künstlerin: „Lyrik ist … eine Sache des ´Trotzdem` und damit Erziehung zur Wahrhaftigkeit, zur Angst … und zur Freiheit von Angst". Denn Gedichte sprechen, berühren, schärfen das Bewußsein.

Lyrik wirkt und bewirkt etwas, „damit es anders anfängt zwischen uns allen" als Wunder: „Dennoch-Vertrauen", „Abel steh auf", „Fürchte dich nicht

es blüht

hinter uns her".

5. Das eine Wort „Dennoch-Vertrauen" wird auch mir zum „springenden Punkt". Es trifft mein Gemüt; es spricht mich an; es tut Neues auf. Lyrisch leicht, bildreich und schön weist die jüdische Dichterin mir Spuren, vielleicht nur Spurenelemente, des „Dennoch-Vertrauens" mit dem „Fürchte dich nicht " zum „Abel steh auf". Sie erschließt mir neu das spezifische Vertrauen, den Glauben als Grund legendes, Leben bestimmendes Vertrauen auf Gott; sie öffnet mich neu für Glauben, Hoffen und Lieben im Leben vor und mit Gott. Gott, außer uns und doch bei uns, ist es, „dessen ich mich versehe alles Guten

und bei dem ich Zuflucht habe in allem Schweren". Es ist das Vertrauen als Antwort auf Gottes Zusage „Fürchte dich nicht", Vertrauen, begründet in Gottes Dennoch. Denn er gedenkt an mich gerade im Leid; er spricht zu mir; er kommt und hilft, er rettet und ist da.

Die jüdische Dichterin Hilde Domin wird mir so entgrenzend zur Botin, die lyrisch ankündigt das Wort heiliger Schrift: „Dennoch bleibe ich stets an Dir, denn Du hältst mich an meiner rechten Hand" (Ps 73, 23); es ist nämlich „der Glaube eine gewisse Zuversicht des, das man hofft, und ein Nicht-Zweifeln an dem, das man nicht sieht" (Hebr 11, 1). Amen.

Spr 16, 9: „Des Menschen Herz erdenkt sich einen Weg; aber Gott lenkt die Schritte"

Literaturgottesdienst zu Th. Fontane
am 12. 3. 2023 in Schwetzingen

Gemeindelied: NL 116

1. „Da ist ein Sehnen in uns, ein Durst nach Glück, nach Liebe ... ". Ähnlich könnte der Erzähler des Realismus Theodor Fontane die beiden Frauen singen lassen: in ausgelassener Lebensfreude Effi Briest zusammen mit den Freundinnen, in leidenschaftlicher Liebe Lene Nimptsch mit Botho.

Was meint da „Glück"? Der Ausdruck Glück" kommt im Deutschen seit dem 12. Jahrhundert vor; er bezeichnet „das, was gelingt", „was gut ausläuft". Als Containerbegriff spricht „Glück" heute für
„gutes Leben", für gelingendes Ende im persönlichen Empfinden und allgemeinen Erfahren.

In Fontanes Novellen findet das kurze Glück und Glücklichsein der beiden Frauen jähes Ende. Das Schicksal, der Zufall – oder was damit gemeint ist – bringt Veränderung, lässt Glück und Glücklichsein zerbrechen wie Glas. Für Effi Briest verbindet sich das Schicksal mit dem Druck, ja, Zwang gesellschaftlicher Konvention und sprachlicher Gewalt; es ist das Gesetz beruflicher Karriere mit gesellschaftlichem Aufstieg und dem Sog finanziellen Wohlstands. Für Lene Nimptsch werden zum Schicksal die sozialen Standesregeln und Schranken, die sie einfach akzeptiert und mit denen sie sich arrangiert. Für diese jungen Frauen findet das persönliche Glück und Glücklichsein nicht Erfüllung.

Gesellschaftskritisch wird das strenge Schicksal und der zufallende Zufall mit ihren unterschiedlichen Facetten vom Schriftsteller beklagt und angeklagt. Zugleich deutet er über das nur eigene Glück hin auf das gemeinschaftliche Erleben von Glück und Glücklichsein. Auch weist sein realistischer Blick über ein beziehungsloses Glückserleben auf Vergeben und Versöhnen zwischen Menschen und auch noch mehr; schliesslich er an die gesellschaftlichen und politischen Bedingungen, die möglich machen die Freiheit, selbst zu entscheiden, und das Recht, Recht zu haben.

Weisheitliches Denken zeigt sich hier.

Weisheit kennt bei nüchterner Betrachtung der realen Dinge und Fakten ein Noch-Mehr; sie erkennt erfahrungsgedeckt in und über den tatsächlichen Verhältnissen ein Mehr durch Verstehen und aufgeklärende Vernunft von noch ganz Anderem

2. Weisheitliches Denken begegnet im Alten Testament, in den schriftlichen Zeugnissen der „salomonischen Aufklärung" um 1000 vor Christus. Der König Salomo zeigt Weisheit als Gottesfurcht im an Gott gerichteten Wunsch: „Gib mir ein hörendes Herz" (1 Kön 3, 9).

Und berichtet wird von einem Gottesfürchtigen in der „Geschichte von Josef und seinen Brüdern": Josef, ein hochbegabtes und etwas verwöhntes Bürschchen, auch arrogant, wird von den Brüdern - zunächst als Denkzettel - in ein Brunnenloch gesteckt, dann aber in böser Absicht nach Ägypten verkauft und als tot erklärt. Dort erinnert sich Josef an seinen Gott, den Gott seiner Väter. Er schenkt ihm neu Gehör, hört auf sein Wort. Mit Gottesfurcht, Tüchtigkeit und der Gabe der Traumdeutung kommt er zu Ansehen. Doch die infame Verleumdung von Potiphars Frau durchkreuzt alles. Aber dennoch, Gottvertrauen, Verstand und Arbeit lässt ihn zum erfolgreichen Wirtschaftsberater in Ägypten werden. Ein Glückspilz mit großem Glück ist er.

Als nun seine Brüder durch eine heimische Hungersnot in Ägypten Hilfe suchen, kommt es zu Vergeben und Versöhnen mit ihnen; Josef spricht: „Ihr gedachtet es böse, aber Gott gedachte es gut zu machen" (Gen 50, 20). Schlüssel der Josef-Erzählung: es geht um gelingendes Leben, um das Glück des Weisen und Gottesfürchtigen; denn „die Furcht Gottes ist aller Weisheit Anfang" (Ps 111, 10). Als Gegensatz wird der Tor genannt, der im Herzen fragt: „Wo ist denn Gott?", der der „Grenze der Vernunft" keinen weiteren Raum gibt[9] und vereinfacht: „Es ist kein Gott" (Ps 14, 1; Sir 20, 22ff). Furcht Gottes - heute scheint mancher sich vor vielem Anderen in der Welt zu fürchten.

Der Gottesfürchtige, dessen Leben grundlegend bestimmt ist durch den Glauben an Gott, in der „Geschichte von Josef" erfährt Glück und gelingendes, gutes Leben vor Gott und den Menschen.

In der Bibel entspricht dem Erfahren von Glück und Glücklichsein das Widerfahren von Segen, Gesegnetsein und Segen für andere werden. Auch Theodor Fontane spricht vom „Segen" des jedes Jahr wieder Frucht tragenden Birnbaums auf dem Grab des Herrn von Ribbeck auf Ribbeck im Hafelland.

Josefs Wort der Versöhnung an die Brüder klingt wider in zeitgleichen Sprichwörtern der alttestamentlichen Weisheit. Erfahrungswissen von Generationen verdichtet sich in ihnen und wird weitergegeben an zukünftige Generationen; so im gehörten Spruch, Spr 16, 9: „Des Menschen Herz erdenkt, ersehnt, sich einen Weg; aber Gott lenkt seine Schritte".

Nicht nach rückwärts erklärt er wie bei Josef, sondern nach vorn will er Zukunft eröffnen. Im Sprichwort wird der von Gott begleitete, auch durchkreuzte, Weg als glücklicher und gesegneter Pfad bekannt.

Zwei Sätze sind hier durch ein Aber verbunden und unterschieden. Der erste handelt von uns Menschen, von unsern Planen und Tun. Der zweite handelt von

---

[9] I. Kant, Kritik der reinen Vernunft. Einleitung zur 2. Auflage

Gottes Leiten und Führen mit uns und auch trotz menschlicher Abwege. Beide Sätze sind unterschieden wie Gottes Weg und des Menschen Weg, wie Gottes Handeln und menschliches Tun; nicht „jeder ist seines Glückes Schmied". Die beiden Wege sind auch mit einander verbunden in Glück und Segen durch Gottes Handeln und Geleit: wir denken an die glückliche Geburt eines Kindes, die sprießende Frühlingsknospe, die allmähliche Genesung, die gute Ernte, die widerfahrene und erfahrene Vergebung und Versöhnung – da antwortet Dankbarkeit und Dank.

Die beiden Wege sind im Weisheitsspruch durch das Aber getrennt - wie beim Schachspiel der Ausruf „Schach": Hier geht es etwa um die Durchkreuzung eines Lebensweges durch das Schicksal als zum einen von Menschen gemachtem Leid: der Fluch der Kriegsfolgen in der Ukraine, in Syrien, die Verletzungen der Natur durch die Selbstverschließung von uns Menschen gegen den guten Wille Gottes zum Leben, usw. Und da ist zum andern das katastrophische Schicksal, nicht von Menschen gemacht: die unheilbare Krankheit, das plötzliche Erdbeben, die Bitterkeit über das heimsuchende Schicksal und auch über Gott.

Gott aber bewahrt nicht vom Leid, sondern im Leid.

„Des Menschen Herz erdenkt sich einen Weg; aber Gott lenkt die Schritte".

Die Durchkreuzung der Wege weist uns in dieser Passionszeit auch auf das Kreuz, verweist auf den gekreuzigten Christus, auf seinen Weg mit Gott, dem Vater, und Gottes Weg mit ihm, dem eingeborenen Sohn. Jesus spricht da auch uns persönlich an auf unseren Wegen durch Glück und Leid. Denn im Kreuz wird das Geheimnis Gottes für und mit uns ansichtig. Im gekreuzigten Christus erschließt Gott seine Liebe. Mit dem Kreuz auf Golgatha macht Gott nicht Schluss.

Österliches Licht lässt er schon aufscheinen.

D. Bonhoeffer – wir hörten seine Glaubenssätze - fragte bei der „Mannigfaltigkeit der Wege Gottes" im Blick auf die Durchkreuzung das menschlichen Planens: „Wie aus ´Schicksal` ´Führung` wird", Gottes Führung und Geleit auf unseren Wegen, bei eigenem verantwortlichem Planen, wie Weisheit es voraussetzt.

Das ´Schicksal` ereilt als Neutrum, als Es. Das „Es" des ´Schicksals`, das lieblose Gesetz durchbrechend, begegnet Gott persönlich als Ich, als Ich dessen, der zusagt „Ich bin der ich bin und werde dasein für dich als der ich dasein werde" (Ex 3, 14), Gott Immanuel, dem wir vertrauend antworten: „Dein bin ich, o Gott", „denn Du bist bei mir".

Gott lässt auf-hören den, für den Zufall nicht anonym, sondern mit Namen persönlich benennbar ist als „mein Gott", und „Vater unser".

Diese personale Beziehung wird im Gebet, dem Reden mit und zu Gott erfahren und gelebt.

Es ist die Gemeinschaft auf dem Weg mit dem, der spricht: „Ich lebe und ihr sollt auch leben", „Ich bin bei euch alle Tage", in welcher Situation ihr auch seid. Ich bin da. Die realen Verhältnisse des **Alltags und die Zuversicht des Glaubens gehören zusammen.**

Das weiß der Weise und Gottesfürchtige. Das meint Glück des Glaubens in Treue zur und Freude am diesseitigen Leben mit kleinem und große Glück.

Fontanes lebensnahe Novellen zu Effi Briest und Lene Nimptsch weisen auf das Mehr ihres kleinen Glücks, selbst wenn Wege durchkreuzt werden. Sie weisen auf das Glück, wenn Gott durch unser Sehnen und Handeln, auch Widerstehen, Neues eröffnet: neues Leben durch Vergebung, durch Versöhnung., Glück des Glaubens.

Wir hören Musik zum Nachdenken

Schwere des Glücks

Röm 5, 5: „Hoffnung lässt nicht zuschanden werden"
Literaturgottesdienst zu Joseph Roth, Hiob
am 14. 4. 2024 in Schwetzingen

1. Mendel Singer ruhte aus von der „Schwere des Glücks", so endet Joseph Roths Roman „Hiob".

„Schwere des Glücks" – ich stocke. Ich halte inne. Nach schweren Schicksalsschlägen erfährt und widerfährt ihm wieder Glück. Handelt es sich um ein verklärendes happy end?, um den schwerelosen Optimismus „Alles wird gut! Nur positiv denken!"?, um eine Weise, Glückswürdigkeit und Glückseligkeit in Einklang zu bringen?, um „Prinzip Hoffnung"? oder um gläubig-ungläubiges Staunen?, das Hoffnung aufgehen und wie Frühlingsblumen sprießen lässt?

2. Von schwerem Schicksal, ja, Schwerstem wurde Mendel Singer heimgesucht, einfach zufallend, scheinbar zufällig - er, der orthodoxe Ostjude, gottesfürchtig, ein leidender Gerechter.

Schon Platon philosophiert über ihn; im Alten Testament singt der Zweite Jesajaprophet vom „leidenden Gottesknecht"; im Neuen Testament verkündigen die Evangelien den leidenden Messias Jesus.

Und, auch in den gegenwärtigen Krisen gibt es viel Leid: in Familien- und in Krankenhäusern - mancher und manche allein gelassen und einsam – viel hoffnungslose Klage: „Warum?, Warum ich?". Und, „Wehe!", so viele Menschen erfahren jetzt Schwerstes in den von Krieg, Migration, Verwundung und Tod gequälten Regionen unserer kleinen Erde.

Mendel Singer, der Gottesfürchtige, erfährt schweres Leid – erschreckend, zugleich empathisch- andringend werden die Hiobsbotschaften erzählt: ein

Sohn meldete sich in Rußland zum Militär; er ist verschollen. Der zweite Sohn, der Mendel, seine Frau Deborah und die Tochter nach Amerika holte, starb als amerikanischer Soldat in Europa. Um der Tochter in Amerika eine neue Zukunft zu geben, ließen die Eltern den jüngsten Sohn Menuhim, ein verkrüppeltes Kind, mit schlechtem Gewissen bei Freunden in Europa zurück. Und hier in Amerika wird die Tochter mit wenig Aussicht in einer psychiatrischen Klinik untergebracht. Und von Menuhim, über den inzwischen hoffnungsvolle Anzeichen berichtet wurden, fehlt jede Nachricht.

Die Schwere der Unglücke ist bedrückend, sie wird zu groß. Verzweifelt, ohne Hoffnung zerbricht die Mutter Deborah daran; Deborah, Mendels Frau, ereilt der Tod.

Das war zuviel für den gottesfürchtigen Juden: „Warum? Warum ich ?“. Er schreit in seiner Not:

„Aus, aus, aus ist es mit Mendel Singer“ (141). Kleinste Hoffnungen, die noch glimmten, beginnen zu verlöschen. Einsam und vereinsamt, verwundet in der Seele, zerreißt er den Kontakt zum Bethaus und auch die Beziehung mit Gott. Zeichenhaft will er sogar das „rotsamtene Säckchen“ mit den Gebetsutensilien verbrennen.

Aber, aber er wirft es doch nicht ins Feuer. „Sein Herz war böse auf Gott, aber in seinen Muskeln wohnte noch die Furcht vor Gott“ (142). Er lästert, er verflucht Gott. „`Ich bete nicht`, sagte sich Mendel. Aber es tat ihm weh, dass er nicht betete … Obwohl Mendel mit Gott böse war, herrschte Gott noch über die Welt“ (150).

3. Welch eine Spannung, dem Zerreißen nah! Der Gott los sein will, kommt nicht von Gott los, weil Gott dennoch da ist.

Mendel ist keiner, dem das Leid zum „Fels des Atheismus“ wird (G. Büchner, Dantons Tod, Payne in 3. Akt, 1. Szene). Er ist auch kein Glaubensheld, seines

Gottes sicher. Weder der eine noch der andere ist er. Da ist kein Entweder –
Oder: Gott, den es gibt, oder den es nicht gibt.

Mendel ist dazwischen: in einer Mischung von Glaube und Unglaube, Hoffnung
und Verzweiflung, angefochten im existentiellen Nerv. Trotz der Schwere des
Schicksals scheitern die Versuche Gott preiszugeben. Ihn hält – vielleicht nur
Spur oder Spurelement – ein unbewusstes Sehnen.

Gott, seinen persönlichen Gott vermisst er irgendwie bei aller Empörung und
Bitterkeit; es bleibt doch ein Ahnen, ja, unbewußtes Wissen, dass Gott da ist.
Die Wirklichkeit Gottes geht ihm irgendwie unter die Haut.

Kennen wir in unserem Leben als Christen nicht auch solch
spannungsvolles Dazwischen, unsicher, angefochten, zweifelnd: Gott,
vergessend im Alltäglichem, aber nicht von Gott vergessen? Und da sind
auch andere mit uns, die bei uns sind, mit uns gehen, auch in der
Gemeinde.

Mendel Singer, vereinsamt, beziehungslos, ein Fremder auch im Bethaus,
bleibt nicht allein. Freunde denken an ihn, beten für ihn und überlassen
ihn nicht sich selbst; sie sind einfach da, geschwisterlich, empathisch.
Hoffnungsträger im Leid.

4. Der Schriftsteller Joseph Roth erzählt dann von der Nachkriegszeit. Das
Ende des Krieges bringt aus dem alten Kontinent Europa neue Schallplatten
mit einer Musik, die einfühlsam und wohltuend in Mendel Singers Gemüt
widerklingt. Diese Melodie, die seine Vergangenheit mit der Gegenwart zu
verbinden scheint, weckt Hoffnung. Mendel lässt sich durch diese Klänge erste
Zuversicht, Zeichen der Zukunft, zukommen. Leise, zart, auch zögernd, nähert
sich ihm etwas Erstaunliches, irgendwie Wunderbares – ein „klingendes
Schweigen", wie er meint.

Die Atmosphäre des Passahfestes beginnt da auch ihn zu ergreifen. Aber er singt nicht mit. Doch aufkommende Freude lässt schüchterne, doch nicht aufgegebene Hoffnung aufflammen.

Und, Wunder über Wunder – da kommt die Freudenbotschaft: „Menuhim lebt". Er ist da. Er ist da, wirklich, in Person. Aufrecht steht er vor dem Vater, er, jetzt ein bedeutender Musiker, dessen Klänge an Mendels Ohr drangen.

Da, der noch die Schwere des Leids tragende Mendel ist außer sich; er glaubt den Himmel mit den Händen zu berühren. Die Weite öffnet sich. Ihm widerfährt und er erfährt eine Veränderung, die Wandlung zu hoffnungsvoller Freude am Leben.

Auch die Freunde sind da, wie im Leid so jetzt, wo der Vater „sitzt auf dem Schoß seines Sohnes", versöhnt und glücklich.

Der Spruch des Rabbis einst an Deborah, die diesem klagend und hoffend den verkrümmten Sohn vorzeigt, der Spruch des Rabbis „Der Schmerz wird ihn weise machen, die Häßlichkeit gütig, die Bitternis milde und die Krankheit stark", er wird jetzt wirklich am Sohn Menuhim und auch am Vater Mendel Singer als „Schwere des Glücks".

5. Es ist die Schwere widerfahrenen und erfahrenen Leids durch „Schicksal", durch „Zufall" und durch menschliche Schuld hier bei Mendel wie überhaupt in der Lebensgeschichte von uns Menschen. Leid und die Möglichkeit des Bösen gehören irgendwie zur endlichen Welt, in der empfindsame und verantwortliche Menschen wie wir leben wollen in Lebensfreude und Glück. Ein sehr realistischer Blick. Denn da bleiben auch die Hoffnung und der Glaube und die Liebe selbst im scheinbar Aussichtslosen.

Es ist die Hoffnung, die auf einen zukommt auf leisen Sohlen, eine Hoffnungskraft, die einem widerfährt durch verhalten resonnierende Klänge: ganz natürlich und alltäglich, oft sehr vernünftig durch verantwortliche Schritte und doch wunderbar.

Diese Hoffnung wird real in Anzeichen dem, dessen Augen vertrauensvoll sehen, real im „klingenden Schweigen" wie bei Mendel, eben dem, der mit hörendem Herzen lauscht. Als das Wunderbare wird es wahrgenommen, ermächtigend zum Guten und zum Versöhnen.

Diese Hoffnung erkennt hinter dem „Schicksal" das Wunder Gottes, der Zukunft eröffnet im Passahfest. Diese Hoffnung erkennt hinter dem „Zufall", der zufällt, das Pseudonym Gottes, der persönlich anspricht in der Feier von Ostern.

Hoffnung nimmt wahr die verborgenen kleinen und großen Wunder Gottes, Wunder mit Wunden vernarbt. Gott ist ein Gott der Hoffnung; näher ist er als wir uns selbst sind.

6. Gott – bei der Spannung zwischen Zuversicht und Zweifel – lässt auch jetzt, gegenwärtig, im bedrückenden und lähmenden Erleben von zerstörerischer Umweltkrise, leidvollem Krieg, spannungsvoller Migration das Hoffnungslied erklingen, so wie weit vor dem Sonnenaufgang die Amsel zu singen beginnt.

Wir erinnern uns: „Ich glaube, Herr, hilf meinem Unglauben", so richtet der Vater des psychisch kranken Jungen die Bitte an Jesus; Jesus, sein Name bedeutet „Lebensretter". Freund des Lebens ist Gott. Er erhält wundervoll die Welt mit uns und durch uns gegen Leid und Böses und die Schuld der Menschen. Existentielle Negativerfahrungen werden nicht bewältigt, indem Gott preisgegeben wird. Gott will Gutes, Vergebung, Versöhnung, eine neue Welt – gegen menschliche Schuld und angstvolle Lähmung. Wundervoll schafft er Leben, lässt Freude und Glück erfahren – selbst als „Schwere des Glücks", wie bei Mendel Singer - schwer durch Leid, und so umso schwerer an Glück und Segen.

Gott ist ein Gott der Hoffnung; er lässt „Hoffnung nicht zuschanden werden" (Röm 5, 5). Amen.

Hoffnung atmen

Literaturgottesdienst zu Jon Fosse, Morgen und Abend. Roman Schwetzingen

30. 3. 2025 (Laetare)

1. Jon Fosse erzählt im Roman „Morgen und Abend", wie der Fischer Johannes sein Sterben erlebt: alles ist „anders, schwerer und irgendwie leichter" (45). Der Roman schildert den Tod als Überfahrt aus der Welt „machtloser Todesgötter" (107) über das Meer dem weiten Horizont des Himmels entgegen. „Hinterm Horizont geht's weiter, ein neuer Tag; hinterm Horizont immer weiter" singt Udo Lindenberg gegen den Tod einer Freundin.

Im Dejavue erinnert sich Johannes´ Leben mit den alltäglichen Dingen: das karge Frühstück, Marta, seine verstorbene Frau, die Tochterfamilie, die Nachbarn und der Freund Peter; auch er hat ihn bereits verlassen. „Rüberhelfen" als Fährmann soll dieser Johannes (116) dahin, wo „Himmel und Meer ein und dasselbe sind …, wo alles, was du liebst, ist (120). „Und da ist ja Erna und die anderen …". Und Peter und er selbst sind er selbst und zugleich nicht, alles ist eins und zugleich verschieden": kein Name, kein Du und Ich (118). Alles ist ruhig und hell und still (119, 121).

„Wer wird uns bringen an`s andere Ufer, Fährmann, hol über, komm und hol über, Fährmann hol über" wurde vor kurzem im Anschluss an die kirchliche Aussegnung am Grab einer Bekannten gesungen mit dem anschließenden Paul Gerhard – Lied „Geh aus mein Herz und such Freud'", dem 1. und dem letzten Vers. Der griechische Mythos von Charon, dem Fährmann, der die Seelen der Verstorbenen über den Fluss Acharon begleitet, schwingt hinter dem Roman von Jon Fosse.

2. Christen ist der Mythos vom Fährmann weniger eigen, mehr der letzte Vers von „Geh aus mein Herz und suche Freud".Mit den biblischen Zeugnissen glauben sie, dass Gott uns aus der uns gegebenen Zeit abruft, dass Christi

Entgegenkommen uns leitet und trägt, auffängt und hält. Denn Christen sind durch den Glauben Menschen der Zukunft Gottes. Sie sind Menschen der Hoffnung im Glauben an Jesus Christus, der Christen in seiner Auferweckung und Auferstehung von den Toten vorausnahm, was ihnen gilt: die Auferstehung zum ewigen Leben. So Gottes Verheißung in der heiligen Schrift: Joh 11, 23 – 26; 1 Kor 15 usw. und Mt 19, 16; Joh 4, 14; Röm 6, 23; Gal 6, 8; Tit 1, 2 usw..So Gottes Verheißung am heutigen Sonntag „Läetare", „Freut euch"; „Kleinostern", wie er genannt wird. Und darauf antworten wir an fast jedem Sonntag i Gottesdienst: „Ich glaube an Jesus Christus..., gekreuzigt und gestorben, am dritten Tag auferstanden von den Toten. .... Und ich glaube die Auferstehung der Toten und das ewige Leben". Die Gewissheit der Auferstehung der Toten hat ihren Grund in der Auferstehung Jesu Christi. Und diese Gewissheit wird uns geschenkt durch den heiligen Geist, dem Angeld der Hoffnung , wie uns geschehen in unserer Taufe.

3. Christen leben „vor" dem Tod „nach" dem Tod, d. h. „vor" dem je eigenen Sterben und Tod „nach" dem unsere Auferstehung und ewiges Leben eröffnenden Sterben und Auferstehen Jesu Christi, uns zugut. So ihre Zuversicht und Hoffnung: in der Taufe werden die Glaubenden durch die Kraft des heiligen Geistes hineingenommen in Christi Sterben und Auferstehung und damit in Gottes Zukunft. Sie sind Menschen der Zukunft Gottes, der „vorletzten" Hoffnungen des alltäglichen Lebens hier und jetzt und der „letzten" des Lebens durch und bei Gott. Wie bei der Taufe dem Täufling zugesagt wird: „Der Herr behüte deinen Ausgang und Eingang von nun an bis in Ewigkeit" (Ps 121, 8); so bei der Beerdigung wieder diese Verheißung beim Gang zum Grab, wo verkündigt wird Jesu Christi: „Ich bin die Auferstehung und das Leben" (Joh 11, 25). Zugleich singt die Gemeinde häufig: „Jesus, meine Zuversicht, und mein Heiland ist im Leben ... Lässet auch ein Haupt sein Glied, welches es nicht nach sich zieht?" . Der Glaube ist eben einer viel

weiteren Wirklichkeit gewiß als die eindimensionale Realität menschlicher Sinne.

4. Christen leben „vor" dem Tod „nach" dem Tod im Atem der Hoffnung. Hoffnung atmen; denn Gott, sein heiliger Geist atmet in uns. Und da sind ihre „letzte" Hoffnung und die „vorletzten" Hoffnungen aufeinander bezogen. Denn die „letzte" Hoffnung ist keine Vertröstung; sie erweist sich gerade als Ruf in die Verantwortung für die „vorletzten" Dinge hier.

Christen leben in der Gewissheit, dass mit dem Tod nicht alles aus ist. Die Verheißung auf die Auferstehung in personaler Identität verheißt das Evangelium. Einen jeden mit seinem besonderen Lebensweg hat Gott bei seinem Namen gerufen: „Du bist mein". Wir sind Unikate vor Gott, verantwortlich zu füllen vor Gott unsere gegebene Zeit – und das in der Gemeinschaft mit anderen in Gemeinde und Gesellschaft.

Leben schließt Gemeinschaft ein. Tod aber bedeutet Gemeinschaftslosigkeit. Für Glaubende bedeutet dies: Gemeinschaft mit Gott und in der Gemeinde jetzt und einst im Leben bei und mit Gott.

Jetzt im „Vorletzten" bringen sie, durch den Glauben an den auferstandenen Christus in Freiheit konkrete Früchte der Liebe in Verantwortung für Mitmenschen und Mitwelt. Und im Dank und in der Freude über die gegebene Zeit mit ihren Möglichkeiten preisen sie gemeinschaftlich Gott mit Paul Gerhards „Geh aus mein Herz und suche Freud" durch die Schönheiten der Schöpfung, die in ihrer Vergänglichkeit auch auf den himmlischen Garten und Gottes Ewigkeit weisen. Christen „vor" dem Tod „nach" dem Tod kennzeichnet das Leben in Freiheit, Verantwortung, Hoffnung, eben mit D. Bonhoeffer „Beten, Tun des Gerechten und Warten auf die Zeit Gottes".

5. Wir glauben die Auferstehung der Toten und durch Jesus Christus das ewige Leben bei Gott. Der Apostel Paulus versucht dem Sprache zu geben mit der Verheißung der Auferstehung als „geistlichen Leib" (1 Kor 15, 44): wir selbst, doch anders, mit Christi Auferstehung durch Gottes Leben schenkenden Geist. Das Neue als wirkliches Ende des Alten. Das Neue aber ist Christus, das Ende des Alten. Menschliche Rede kleidet sich da in ausholende Sprache: frei vom Bruchstückhaften, frei von Schmerz, frei von Schuld, frei von Tod.

Ewiges Leben bei Gott, dem allein Ewigkeit eigen ist, deutet sich an als Leben im Angesicht Gottes. Ewiges Leben ohne Gott ist biblisch unbekannt. Nur in Bildern, die weit über sich hinausweisen und etwa eine festliche Abendmahlsfeier, wie auf Erden so im Himmel, andeuten, geben Sprache (Offb 19, 9; Mt 22, 1ff, 25, 1ff). Zu leicht fließen ja eigene Sehnsüchte und egoistische Wünsche ein.

6. Das alte Beerdigungsgebet bittet da nüchtern: „Ewige Ruhe gib ihnen, Herr, und ewiges Licht leuchte ihnen. Die Liebe höret niemals auf": Ruhe – Licht – Liebe mit Christus durch den heiligen Geist bei Gott.

Ruhe „Unser Herz ist unruhig, bis es Ruhe findet bei Dir, o Gott". Stille -werden vor Gott, wie wir es hier im Gebet erfahren, wird abseits von unsern Tun und Erleiden, Errungenen und Verpassten, Verschuldeten und Vergebenen dort zur umgreifenden Ruhe, zurecht gerichtet und geheilt, bei Gott.

Licht „Gott, der da wohnt in einem Licht, zu dem kein Mensch kommen kann" (1 Tim 6, 16), offenbart sich uns in Jesus Christus, der sagt: „Ich bin das Licht der Welt" (Joh 8, 12). Und in seinem Licht sehen wir das Licht der Herrlichkeit Gottes. Stückwerk ist unser Erkennen jetzt; wir sehen jetzt wie durch einen Spiegel in einer geheimnisvollen Gestalt; dann aber von Angesicht zu Angesicht. „Dann werde ich erkennen , wie ich im Licht Gottes erkannt bin" (1 Kor 13, 12): vieles entschwindet im aufdeckenden Licht der Gerechtigkeit Gottes, alles leuchtet im Schein barmherziger Gnade – die Wahrheit, das unverborgene Licht bei Gott.

Liebe

„Die Liebe hört nimmer auf" (1 Kor 13, 8), stärker als der Tod ist sie (Kld 8, 6). Denn „Gott ist Liebe" (1 Joh 4, 16), wie in Jesus Christus offenbar; so dann alle, die „ in der Liebe sind", in Gott bleiben und Gott in und bei ihnen (1 Joh 4, 16). „Wer nicht liebt, bleibt im Tod". So verkündet Jesus: „was ihr getan habt einem unter diesen Geschwistern hier, das habt ihr mir getan". Wie Gott, der allein ewige, Liebe ist, so das ewige Leben bei Gott: Ruhe – Licht – Liebe. Nur tastende Versuche menschlichen Denkens und menschlichen Redens sind es.

7. Jon Fosses Roman regt uns an, atmende Hoffnung und den Atem der Hoffnung der Christen zu bezeugen. Glaubende leben „vor" dem Tod „nach" dem Tod im Atem der Hoffnung, der „vorletzten" und der „letzten". Und als Menschen der Hoffnung geben Glaubende ihrer Hoffnung Sprache. Sie geben Rechenschaft immer wieder und heute am ersten Tag des Restes unseres Lebens.

Der Friede Gottes, der höher ist als unsere Vernunft, lasse uns diese Hoffnung atmen. Amen.